F I N
A N C
I A L
R E P
O R T
I N G

제4판

개념을 알면 쉬운 재무회계

STUDY GUIDE

연습문제 해답포함

윤재원 · 정영기 · 정남철

Financial Accounting

도서출판 청람

■ 제4판 머리말 ■

본 스터디가이드(Study Guide)는 「개념을 알면 쉬운 재무회계」의 자매서로서 교과서에서 깊이 있게 다루지 못한 부분의 설명을 위한 심화학습과 교과서 연습문제에 대한 풀이를 담고 있다.

특히 재무회계를 한 학기에 강의할 수 있도록 기본개념의 알기 쉬운 설명에서부터 시작하여 과감한 선택과 집중으로 꼭 알아야 할 내용들을 소개함으로써 회계에 대한 막연한 두려움을 덜어주고자 기획한 교과서의 보충학습을 위한 내용으로 구성하였다.

이러한 취지에서 교과서 각 장의 내용 중 다소 어렵다고 느껴지거나, 회계원리 수준에서 조금 벗어나 있다고 보여지는 부분을 본 스터디가이드의 심화학습에서 다루게 된 것이다. 따라서 중급회계에서 학습할 내용에 대한 기대나 호기심을 갖는 학습자들과 재무회계가 두 학기에 걸쳐 교과과정에 편성된 경우 교과서와 병행하여 강의할 수 있도록 교습자들도 배려하였다.

한편 각 장의 연습문제에 대한 풀이과정도 소개함으로써 학생들 스스로 학습할 수 있도록 유도하였다. 특히 본 스터디가이드를 활용함에 있어서 최대한의 효과를 거두기 위하여 학습자들에게 당부하고 싶은 점은 "모범답안을 먼저 보지 말고, 틀리더라도 직접 문제를 풀어본 후에 본인의 답과 비교해보는 습관을 가지라"는 것이다.

왜냐하면 답을 먼저 보게 되면, 결국 문제에 대한 이해와 해결능력보다는 답을 외우는 결과를 초래할 수 있기 때문이다.

아무쪼록 본 스터디가이드가 개념을 알면 쉽게 이해될 수 있도록 구성된 교과서를 학습하기 위한 자매서로서 회계의 기초를 든든히 해주는 동반자의 역할을 기대하면서…

2021년 여름방학을 시작하며, 저자들 씀

■ 차 례 ■

제1장 재무제표의 작성과 표시

모범답안

1 회계순환과정

[물음 1] 2×11년 회계거래의 분개

거래번호	계정과목	차변	계정과목	대변
(1)	현 금	₩1,000	자 본 금	₩1,000
(2)	현 금	2,000	용역수익	2,000
(3)	현 금	500	차 입 금	500
(4)	급 여	1,500	현 금	1,500

[물음 2] 2×11년 T계정 양식의 총계정원장

현금

	차변		대변
(1)	₩1,000	(4)	₩1,500
(2)	2,000		
(3)	500		
잔액	₩2,000		

자본금

	차변		대변
		(1)	₩1,000

용역수익

	차변		대변
		(2)	₩2,000

차입금

	차변		대변
		(3)	₩500

급여

	차변		대변
(4)	₩1,500		

[풀이 3] 2×11년말 시산표

잔액시산표

클린(주) 2×11년 12월 31일

계정과목	잔액	
	차변	대변
현 금	₩2,000	
차입금		500
자본금		1,000
용역수익		2,000
급 여	1,500	
합 계	**₩3,500**	**₩3,500**

[물음 4] 2×11년도 포괄손익계산서와 2×11년말 재무상태표

1) 포괄손익계산서

손익계산서(계정식)

클린(주) 2×11년 1월 1일 ~ 2×11년 12월 31일

비용		수익	
급 여	₩1,500	용역수익	₩2,000
당기순이익	**500**		
합 계	**₩2,000**	**합 계**	**₩2,000**

손익계산서(보고식)

클린(주) 2×11년 1월 1일 ~ 2×11년 12월 31일

용역수익	₩2,000
급 여	1,500
당기순이익	**₩500**

2) 재무상태표

재무상태표

클린(주) 2×11년 12월 31일

자산		부채와자본	
현 금	₩2,000	차 입 금	₩500
		자 본 금	1,000
		이익잉여금	500
합 계	**₩2,000**	**합 계**	**₩2,000**

[물음 5] 2×12년 회계거래의 분개

거래번호	계정과목	차변	계정과목	대변
(1)	현 금	₩500	자 본 금	₩500
(2)	현 금	3,000	용 역 수 익	3,000
(3)	토 지	1,000	현 금	1,000
(4)	급 여	2,000	현 금	2,000
(5)	토 지	500	토지재평가이익	500

[물음 6] 2×12년 T계정 양식의 총계정원장

현금

기초잔액	₩2,000		
(1)	500	(3)	₩1,000
(2)	3,000	(4)	2,000
잔 액	₩2,500		

자본금

		기초잔액	₩1,000
		(1)	500
		잔 액	₩1,500

용역수익

		(2)	₩3,000

차입금

		기초잔액	₩500

급여

(4)	₩2,000		

이익잉여금

		기초잔액	₩500

토지

(3)	₩1,000		
(5)	500		
잔 액	₩1,500		

토지재평가이익

		(5)	₩500

[물음 7] 2×12년말 시산표

잔액시산표

클린(주) 2×12년 12월 31일

계정과목	잔액	
	차변	대변
현 금	₩2,500	
토 지	1,500	
차입금		₩500
자본금		1,500
이익잉여금		500
용역수익		3,000
급 여	2,000	
토지재평가이익		500
합 계	**₩6,000**	**₩6,000**

[물음 8] 2×12년도 포괄손익계산서와 2×12년말 재무상태표

1) 포괄손익계산서

포괄손익계산서(계정식)

클린(주)　　2×12월 1월 1일 ~ 2×12년 12월 31일

비용		수익	
급 여	₩2,000	용역수익	₩3,000
총포괄이익	1,500	기타포괄손익 (토지재평가이익)	500
합 계	**₩3,500**	**합 계**	**₩3,500**

포괄손익계산서(보고식)

클린(주)　　2×12월 1월 1일 ~ 2×12년 12월 31일

용역수익	₩3,000
급 여	2,000
당기순이익	**₩1,000**
기타포괄손익	
토지재평가이익	500
총포괄이익	**₩1,500**

2) 재무상태표

재무상태표

클린(주)　　2×12년 12월 31일

자산		부채및자본	
현 금	₩2,500	차입금	₩500
토 지	1,500	자본금	1,500
		이익잉여금	1,500
		기타포괄손익누계액	500
합 계	**₩4,000**	**합 계**	**₩4,000**

* 기초이익잉여금(₩500) + 당기순이익(₩1,000) = ₩1,500

** 포괄손익계산서의 기타포괄손익(₩500)은 재무상태표 자본의 기타포괄손익누계액으로 표시된다.

2 시산표의 이해

[물음 1]

용역수익	₩4,000
급 여	(2,000)
판매비	(1,000)
당기순이익	₩1,000

[물음 2]

기초이익잉여금	₩500
당기순이익	1,000
기말이익잉여금	₩1,500

[물음 3]

기초 기타포괄손익누계액	₩1,000
당기 기타포괄손익	500
기말 기타포괄손익누계액	₩1,500

3 상품매매회사의 회계순환과정과 수정분개

[물음 1]

(1)	(차) 소모품	35,000	(대) 현　금	35,000
(2)	(차) 이익잉여금	20,000	(대) 현　금	20,000
(3)	(차) 소모품비*	80,000	(대) 소모품	80,000

* 소모품비: ₩60,000 + ₩35,000 − ₩15,000 = ₩80,000

[물음 2]

(1)	(차) 매　입	140,000	(대) (기초)재고자산	140,000
	(차) (기말)재고자산	70,000	(대) 매　입	70,000

따라서 매입계정잔액(매출원가): ₩140,000 + ₩650,000 − ₩70,000 = ₩720,000

(2) 매출총이익: ₩1,200,000 − ₩720,000 = ₩480,000

4 포괄손익계산서 작성

[물음 1]

포괄손익계산서

세기(주)　　2×11년 9월 1일 ~ 9월 30일

비용		수익	
관리운영비	800,000	용역매출	1,200,000
당기순이익	**400,000**		
기타포괄손실		기타포괄이익	
금융자산평가손실	200,000	자산재평가이익	500,000
기타포괄손익	**300,000**		
총포괄손익	**700,000**		

[물음 2]

재무상태표

세기(주) 2×11년 9월 30일 현재

자 산		부채및자본	
현 금	2,500,000	부 채	
금융자산	1,000,000	미지급비용	800,000
매출채권	1,200,000	자 본	
토 지	1,800,000	자본금	4,500,000
		이익잉여금	700,000
		(기초잔액)	300,000
		(당기순이익)	**400,000**
		기타포괄손익누계액	500,000
		(기초잔액)	200,000
		(당기기타포괄손익)	**300,000**
총합계	6,500,000	**총합계**	6,500,000

5 현금기준 회계와 발생기준 회계(Ⅰ)

₩3,000,000 + ₩300,000 − ₩500,000 = ₩2,800,000

6 현금기준 회계와 발생기준 회계(Ⅱ)

₩700,000 + ₩300,000 − ₩200,000 = ₩800,000

7 현금기준 회계와 발생기준 회계의 종합예제(Ⅰ)

매출채권의 감소: −12,000(매출채권의 회수가 현금수입에 포함되어 있으므로 조정)

선수금의 감소: +14,000(선수금이 감소된 만큼 용역제공)

미지급비용의 증가: −19,000(현금지출 비용에 추가하여 미지급비용 증가분만큼 비용이 추가 발생한 것이므로 조정)

선급비용의 증가: +12,000(현금지출 비용 중에 당기 발생비용이 아닌 선급비용 증가분이 포함되어 있으므로 조정)

당기순이익: ₩1,800,000 − ₩12,000 + ₩14,000 − ₩19,000 + ₩12,000 = ₩1,795,000

8 현금기준 회계와 발생기준 회계의 종합예제(Ⅱ)

손익계산서

인아 4월 1일부터 4월 15일까지

비용		수익	
임차료	1,500,000	용역매출	4,500,000
소모품비	460,000		
급료 및 수당	800,000		
수도광열비	400,000		
교통통신비	160,000		
이자비용	70,000		
광고선전비	400,000		
당기순이익	**710,000**		
합 계	**4,500,000**	**합 계**	**4,500,000**

재무상태표

인아 4월 15일 현재

자산		부채	
현금	2,700,000	차입금	1,400,000
매출채권	500,000	미지급비용	630,000
소모품	140,000	자본	
		자본금	600,000
		당기순이익	710,000
자산합계	**3,340,000**	**부채와자본합계**	**3,340,000**

제2장 재무회계 기본개념

심화학습

◉ 재무제표의 요소

재무제표의 요소는 크게 자산, 부채, 자본, 수익, 비용으로 구분되고, 이를 재무보고 이용자들의 경제적 의사결정에 유용하도록 이를 다시 세분화할 필요가 있다. 예를 들면 자산에 대해서는 재고자산, 유형자산, 무형자산 등의 세분화된 요소로 재무상태표에 나타내고, 이 과정에서 인식, 측정, 표시와 공시를 어떻게 해야 할지를 각각의 기준서에서 규정하고 있다.

재무보고를 위한 개념체계에서는 재무제표의 요소인 자산, 부채, 자본, 수익, 비용에 대해 어떻게 정의를 내리고 있는지 살펴보자.

- 자산은 과거사건의 결과로 기업이 통제하는 현재의 경제적 자원으로 정의된다. 경제적 자원은 다시 경제적 효익을 창출할 잠재력을 지닌 권리로 정의한다. 이에 따르면 자산은 ① 권리, ② 경제적 효익을 창출할 잠재력, ③ 통제라는 세 가지의 측면을 보유한다. 첫째, 자산은 계약이나 법률 등에 따라 성립한 권리로서 통상 다른 당사자에게 의무를 발생시키지만, 특정한 경우 다른 당사자의 의무를 수반하지 않을 수 있다. 둘째, 경제적 효익을 창출할 잠재력은 반드시 경제적 효익을 창출할 것이라고 확신할 필요는 없으며, 비록 경제적 효익을 창출할 가능성이 낮더라도 자산이 될 수 있다. 셋째, 통상적으로 기업이 경제적 자원의 사용을 지시하고 그로부터 유입될 수 있는 경제적 효익을 얻을 수 있는 능력이 있다면, 기업은 그 경제적 자원을 통제한다고 볼 수 있다.
- 부채는 과거사건의 결과로 기업이 경제적 자원을 이전해야 하는 현재의무이다. 부채가 존재하기 위해서는 ① 기업에게 의무가 있어야 하고, ② 의무는 경제적 자원을 이전하는 것이며, ③ 의무는 과거사건의 결과로 존재하는 현재의무여야 한다는 세 가지 조건을 모두 충족하여야 한다.
- 자본은 기업의 자산에서 모든 부채를 차감한 후의 잔여지분이며, 별도의 정의가 없이 이미 정의된 자산에서 부채를 차감한 개념으로 설명된다.
- 수익은 자산의 증가 또는 부채의 감소로서 자본의 증가를 가져오며, 자본청구권 보유자의 출자와 관련된 것을 제외한다.
- 비용은 자산의 감소 또는 부채의 증가로서 자본의 감소를 가져오며, 자본청구권 보

유자에 대한 분배와 관련된 것을 제외한다.

이상의 내용은 다음과 같이 요약될 수 있다(재무보고를 위한 개념체계 문단 4.2 중)

항목	요소	정의 또는 설명
경제적 자원	자산	과거사건의 결과로 기업이 통제하는 현재의 경제적 자원. 경제적 자원은 경제적 효익을 창출할 잠재력을 지닌 권리임
청구권	부채	과거사건의 결과로 기업의 경제적 자원을 이전해야 하는 현재 의무
	자본	기업의 자산에서 모든 부채를 차감한 후의 잔여지분
재무성과를 반영하는 경제적 자원 및 청구권의 변동	수익	자본의 증가를 가져오는 자산의 증가나 부채의 감소로서, 자본청구권 보유자의 출자와 관련된 것은 제외
	비용	자본의 감소를 가져오는 자산의 감소나 부채의 증가로서, 자본청구권 보유자에 대한 분배와 관련된 것은 제외
그 밖의 경제적 자원 및 청구권의 변동	–	자본청구권 보유자에 의한 출자와 그들에 대한 분배
	–	자본의 증가나 감소를 초래하지 않는 자산이나 부채의 교환

모범답안

1 재무보고를 위한 개념체계에 대한 다음의 설명 중 타당하지 않은 부분을 모두 지적하고 바로잡으시오.

(1) 정보가 누락되거나 잘못 기재된 경우 특정 보고기업의 재무정보에 근거한 정보이용자의 의사결정에 영향을 줄 수 있다면 그 정보는 중요한 것이므로 중요성은 목적적합성의 한 측면이라고 할 수 있다.

(2) 표현충실성이란 중대한 오류나 편의가 없고 객관적으로 검증가능하며 표현하고자 하는 바를 충실하게 표현하고 있다고 이용자가 믿을 수 있다는 것을 의미한다.

(3) 기업이 전액 정부보조금을 받아 유형자산을 취득한 경우 대가를 부담하지 않았기 때문에 취득원가를 0으로 보고한다면, 역사적원가주의에 충실한 것이므로 표현충실성의 질적 속성과 의사결정 유용성을 동시에 충족시켜준다.

> 취득원가를 0으로 보고한다면 그 원가를 충실히 표현했다는 측면에서 표현충실성의 질적속성을 충족시켜준다. 그러나 목적적합성 측면에서 미흡하고, 따라서 유용하지 않을 것이므로 공정가치를 추정해서 취득원가와 보조금에 대한 표시를 해줌으로써 전체적으로 의사결정에 유용성있는 재무보고가 될 것이다.

(4) 재무회계정보의 바람직한 속성 중 목적적합성, 표현충실성은 근본적 질적 특성으로, 비교가능성, 검증가능성, 적시성, 이해가능성을 목적적합성과 충실한 표현을 위한 4가지 보강적 질적 특성이라 한다.

2 국제회계기준에 대한 다음의 설명내용 중 타당하지 않은 부분을 지적하고 바로잡으시오.

(1) 국제회계기준위원회(IASB)가 재무제표 작성자로 하여금 회계기준을 준거하도록 강제화할 수 있는 감독권한을 갖고 있기 때문에, 우리나라 기업이 국제회계기준(IFRS)를 준거하기로 하였다면 모든 기업이 IFRS를 의무적으로 준수해야 한다.

> 국제회계기준위원회(IASB)는 회계기준을 준거하도록 강제화할 수 있는 감독권한을 갖고 있지 않다.

(2) 모든 자산이나 부채항목에 대해 공정가치 평가결과 산출되는 평가이익이나 평가손실은 당기순이익의 변동성에 영향을 미쳐 경영성과의 왜곡현상이 생기는 것을 보완하기 위해 재무상태표의 기타포괄손익누계액에 직접 반영한다.

> 모든 공정가치 변동분을 기타포괄손익누계액에 반영하지 않는다. 예를 들어 공정가치 평가손익을 당기손익으로 인식하도록 지정하는 금융자산의 경우 당기손익으로 인식하과, 그 결과 당기순이익에 반영된다.

(3) 국제회계기준위원회는 조만간 IASB와 같은 국제적인 회계감독기구를 구성하여 각국의 재무제표 작성자들이나 감사인들이 국제회계기준(IFRS)을 준수하고 있는지 여부를 확인하고 감독할 예정이다.

> IASB는 국제 간의 민간기구의 협약에 의해 만들어진 기준제정기구이기 때문에 기준서가 강행되도록 하는 공권력은 없다(국제증권감독자기구인 IOSCO가 그 역할을 담당한다).

(4) 국제회계기준은 연결재무제표를 중심으로 연결실체가 재무제표를 작성하는 것을 전제로 하고 있기 때문에 포괄손익계산서도 '연결포괄손익계산서', 재무상태표도 '연결재무상태표'를 작성할 것을 요구한다.

3 재무보고를 위한 개념체계에서는 기업실체의 재무정보를 가장 많이 사용하는 대표적 외부이용자로 투자자와 채권자를 상정하고, 이들을 위한 재무보고의 목적(objective)과 유용성 및 한계에 대하여 설명하고 있는데, 다음에 제시한 내용 중 타당하지 않은 부분을 지적하고 바로잡으시오.

(1) 정보가 누락되거나 잘못 기재된 경우 특정 보고기업의 재무정보에 근거한 정보이용자의 의사결정에 영향을 줄 수 있다면 그 정보는 중요한 것이다. 따라서 중요하지 않은 정보는 정보이용자의 의사결정에 영향을 미치지 않기 때문에 중요성은 표현충실성의 한 측면이라고 할 수 있으며, 중요성은 개별기업 수준에서 적용하는 표현충실성의 한 측면이라고 볼 수 있다.

> 중요성은 개별기업 재무보고서 관점에서 해당 정보와 관련된 항목의 성격이나 규모 또는 이 둘 모두에 근거하여 해당 기업에 특유한 측면의 목적적합성을 의미한다. 이같이 중요성이 기업특유의 고유사항이므로 회계기준제정기구가 재무회계기준을 제정할 때 이를 모두 반영할 수 없기 때문에 중요성을 개별기업 수준에서 적용하는 **목적적합성**의 한 측면이라고 볼 수 있다.

(2) 표현충실성(faithful presentation)이란 중대한 오류나 편의(bias)가 없고 객관적으로 검증가능하며 표현하고자 하는 바를 충실하게 표현하고 있다고 이용자가 믿을 수 있다는 것을 의미하므로, 정확성과 일치하는 개념이다.

> 표현충실성이란 중대한 오류나 편의(bias)가 없고 객관적으로 검증가능하며 표현하고자 하는 바를 충실하게 표현하고 있다고 이용자가 믿을 수 있다는 것을 의미하므로 정확성과 일치하는 개념은 아니다.

(3) 표현충실성은 정보가 누락됨으로써 그릇되거나 오해를 유발하여 신뢰성이 상실되고 목적적합성이 떨어지지 않도록 하는 비교가능성, 어느 한편의 이해관계에 치우치지 않는 신중성, 현상의 기술에 오류나 누락이 없다는 적시성으로 세분할 수 있다.

> 충실한 표현은 정보가 누락됨으로써 그릇되거나 오해를 유발하여 신뢰성이 상실되고 목적적합성이 떨어지지 않도록 하는 **완전성**, 어느 한편의 이해관계에 치우치지 않는 **중립성**, 현상의 기술에 오류나 누락이 없다는 **무오류**로 세분할 수 있다.

(4) '형식보다 실질의 우선'의 개념은 회계처리에 있어 경제적 실질보다는 법적 형식을 우선해야 한다는 일반원칙을 의미한다.

> 법적 형식보다는 경제적 실질을 우선해야 한다는 일반원칙을 의미한다.

4 다음은 K-IFRS를 조기 도입하여 적용하고 있는 기업의 재무제표에 대해서 스터디모임에서 진행된 대화내용의 일부이다. 이 중 옳지 않은 내용을 모두 지적하고 바로잡으시오.

(1) 국제회계기준에서는 재무제표에 표시할 최소한의 계정과목만을 제시하고, 재무제표의 세부 순서나 형식 등은 '재무제표 표시' 기준서에서 자세히 언급하고 있다.

(2) 기업의 선택에 따라 재무제표에 추가적인 계정과목, 제목 및 중간합계를 기재하는 것은 허용되지 않는다.

> 기업의 선택에 따라 공인회계사 등 회계전문가의 판단하에 추가적인 계정과목 등이 허용될 수 있다.

(3) 국제회계기준을 적용함에 따라 재무상태표와 포괄손익계산서의 계정과목 수가 종전의 기업회계기준(K-GAAP) 적용시보다 대체로 증가한 것으로 나타났다.

> 구체적인 내용은 주석에 기재하므로 계정과목의 수는 감소하는 것으로 나타났다.

(4) 재무제표 본문에서 공시내용을 상세히 기재하도록 요구함에 따라 주석의 페이지 수는 대폭 감소한 것으로 나타났다.

> 재무제표 본문에서는 내용을 간략하게 기재하고 보다 자세히 설명하기 위하여 주석의 내용이 대폭 증가하는 것으로 나타났다.

5 재무보고를 위한 개념체계 등에 대한 다음의 설명 중 타당하지 않은 부분을 모두 지적하고 바로잡으시오.

(1) 재무회계기준의 바람직한 속성으로는 재무정보를 생산해내는 과정에서 준거해야 할 품질관리 기준적 성격, 보편타당한 성격, 사회·경제적 제도변화에 따라 변화되지 않는 안정성을 갖고 있어야 한다.

> 품질관리기준이며 동시에 보편타당한 성격을 갖는 재무회계기준은 변화하지 않는 것이 아니며 시대변화와 사회발전에 따라 변화하는 성격을 갖고 있다.

(2) 재무회계기준 제정시에는 회계 행위가 이루어지고 있는 현실을 반영하여야 하기 때문에 회계환경에 대한 특별한 가정을 설정할 필요는 없다.

> 회계 행위가 이루어지고 있는 현실을 반영하는데 제약요소들이 존재하기 때문에 이러한 어려움을 해결하기 위해 계속기업의 가정을 비롯한 몇 가지 가정을 도입하고 있다.

(3) 계속기업의 가정은 기업실체가 그 목적과 의무를 이해하기에 충분할 정도로 장기간 존속할 수 있는 기업은 현실적으로 존재할 수 없기 때문에 회계에서는 그 의미를 찾을 수 없다.

> 회계에서는 특별한 반대증거가 없는 한 계속기업의 가정을 전제로 하여 재무제표를 작성한다.

(4) 회계기간의 가정은 기간별 재무상태와 경영성과에 관한 정보를 산출할 필요가 생기더라도, 오늘날 회계에서는 발생주의를 채택하고 있기 때문에 큰 의미는 없다.

> 회계기간의 가정은 기간별 재무보고를 하고 발생주의를 채택하는 현 회계상황에 의미 있는 가정이다.

(5) 적시에 보고하는 것이 의사결정에 유용하므로 적시성의 질적 속성은 근본적 질적 속성에 해당하므로 목적적합성과 표현충실성보다 더 중요하다.

> 적시성의 질적 속성은 보강적 질적 속성에 해당되고, 목적적합성과 표현충실성과 같은 근본적 질적 속성을 보완해주는 개념이므로 더 중요하다고 할 수는 없다.

제3장 자산 · 부채의 평가와 측정기준

모범답안

1 현재가치와 현재가치할인차금

- 약속어음의 현재가치 ₩100,000×0.7938＝₩79,380
- 판매시점(2×13년 1월 1일)의 분개

(차) 장기성매출채권	100,000	(대)	현재가치할인차금	20,620
			매 출	79,380

2 [물음 1]

2×13년 12월 31일 결산수정분개

2×13년 이자수익: 79,380×8%

(차) 현재가치할인차금	6,350	(대)	이자수익	6,350

2×14년 12월 31일 결산수정분개

2×14년 이자수익: (79,380＋6,350)×8%

(차) 현재가치할인차금	6,858	(대)	이자수익	6,858

2×15년 12월 31일 결산수정분개

2×15년 이자수익: (79,380＋6,350＋6,858)×8%＋단수 5(판매시점인 2×13년 1월 1일의 현재가치할인차금 20,620에 일치시키기 위한 조정)

(차) 현재가치할인차금	7,412	(대)	이자수익	7,412

[물음 2]

2×15년 12월 31일 원금회수분개

(차) 현 금	100,000	(대)	장기성매출채권	100,000

[물음 3] 3년의 기간을 한 회계기간으로 가정한 경우, 계정과목과 금액을 분개형식으로 표시

(차) 현 금	100,000	(대)	매 출	79,380
			이자수익	20,620

3 약속어음의 현재가치와 수익인식

- 약속어음의 현재가치 계산

1) 3년후 만기에 받을 단일금액의 현재가치 ₩100,000×0.7938＝₩79,380

2) 매년말 받는 연금의 현재가치

연금(액면이자)의 계산 ₩100,000×5%=₩5,000

연금의 현재가치 ₩5,000×2.5771=₩12,885

3) 총현재가치 ₩79,380+₩12,885=₩92,265

■ 판매시점(2×13년 1월 1일)의 분개

(차) 장기성매출채권	100,000	(대) 현재가치할인차금	7,735
		매 출	92,265

4 **[물음 1]**

2×13년 12월 31일 결산수정분개

2×13년 이자수익: 92,265×0.08

(차) 현재가치할인차금	2,381	(대) 이자수익	7,381
현 금	5,000		

2×14년 12월 31일 결산수정분개

2×14년 이자수익: (92,265+2,381)×8%

(차) 현재가치할인차금	2,572	(대) 이자수익	7,572
현 금	5,000		

2×15년 12월 31일 결산수정분개

2×15년 이자수익: (92,265+2,381+2,572)×8%+단수 5(판매시점인 2×13년 1월 1일의 현재가치할인차금 7,735에 일치시키기 위한 조정)

(차) 현재가치할인차금	2,782	(대) 이자수익	7,782
현 금	5,000		

[물음 2] 2×15년 12월 31일 원금회수분개

(차) 현 금	100,000	(대) 장기성매출채권	100,000

[물음 3] 3개년을 통산하여 적절한 계정과목과 금액을 분개형식으로 표시

(차) 현 금	115,000	(대) 매 출	92,265
		이자수익	22,735

5 **무이자부어음의 현재가치와 취득원가**

■ 약속어음의 현재가치 계산

매년말 받는 연금의 현재가치: ₩50,000×2.4868=₩124,340

■ 기계구입시점(2×13년 1월 1일)의 분개

(차) 기 계	124,340	(대) 장기성미지급금	150,000
현재가치할인차금	25,660		

6 [물음 1]

2×13년 12월 31일 결산수정분개

2×13년 이자비용: 124,340×10%

(차)	이자비용	12,434	(대)	현재가치할인차금	12,434
	장기성미지급금	50,000		현 금	50,000

2×14년 12월 31일 결산수정분개

2×14년 이자비용: (124,340+12,434−50,000)×10%

(차)	이자비용	8,677	(대)	현재가치할인차금	8,677
	장기성미지급금	50,000		현 금	50,000

2×15년 12월 31일 결산수정분개

2×15년 이자비용: (124,340+12,434−50,000+8,677−50,000)×10%+단수 4(2×13년 1월 1일의 현재가치할인차금 25,660에 일치시키기 위한 조정)

(차)	이자비용	4,549	(대)	현재가치할인차금	4,549
	장기성미지급금	50,000		현 금	50,000

[물음 2]

3년간 매연도말 ₩50,000씩 균등상환하였으므로 위의 2×15년 12월 31일의 결산수정분개에 원금지급의 분개를 표시하였다.

[물음 3] 3개년을 통산하여 적절한 계정과목과 금액을 분개형식으로 표시

(차)	기 계	124,340	(대)	현 금	150,000
	이자비용	25,660			

7 **선불판매거래의 현재가치계산과 회계처리**

[물음 1]

현재가치의 개념으로 계산하여 비교

(1안)의 현금유입의 현재가치: ₩1,100,000

(2안)의 현금유입의 현재가치: ₩1,300,000×0.7938(8%, 3년 현재가치요소)=₩1,031,940

따라서 (1안)이 현재가치로 ₩68,060 더 유리하다.

3년뒤 미래가치 개념으로 계산하여 비교

(1안)의 현금유입의 미래가치: ₩1,100,000×1.259712(10%, 3년 미래가치요소)=₩1,385,683

(2안)의 현금유입의 미래가치: ₩1,300,000

따라서 (1안)이 미래가치로 ₩85,683 더 유리하다.

[물음 2]

(1안) 계약시점(2×13년 1월 1일)의 분개:

(차) 현　　금	1,100,000	(대) 계약부채(선수금)	1,100,000

판매시점(2×16년 1월 1일)의 분개:

(차) 현　　금	1,100,000	(대) 계약부채(선수금)	1,385,683
이자비용	285,683		

저자의 Tip 일단 현금을 받았기 때문에 그 대가에 상응하는 재화나 용역을 제공해주어야 할 의무가 발생하므로 부채로 인식하고, 선수금과 유사한 계약부채라는 계정과목으로 처리한다. 이때 시간이 지나가면서 점차 부채의 금액은 커질 것이다. 왜냐하면 3년뒤 미래시점에서 ₩1,385,683 상당의 재화나 용역을 제공해주기 때문이다.
이러한 선불거래는 실질은 당장 현금이 필요하기 때문에 3년뒤 매출을 통해 ₩1,385,683을 받을 것을 전제로 현재시점에서 ₩1,100,000의 현금을 빌린 다음 대신 매년 이자를 부담하는 것으로 볼 수 있다. 이때 차입금과 다른 점은 3년뒤 현금으로 상환하는 것이 아니라 제품의 인도 · 판매로 대신한다는 것이다.

8 선불거래의 현재가치계산과 회계처리

[물음 1]

현재가치의 개념으로 계산하여 비교

(1안)의 현금유출의 현재가치: ₩1,000,000

(2안)의 현금유출의 현재가치: ₩1,400,000×0.7938(8%, 3년 현재가치요소)=₩1,111,320

따라서 (1안)이 현재가치로 ₩111,320 더 유리하다.

3년뒤 미래가치 개념으로 계산하여 비교

(1안)의 현금유출의 미래가치: ₩1,000,000×1.259712(8%, 3년 미래가치요소)=₩1,259,712

(2안)의 현금유출의 미래가치: ₩1,400,000

따라서 (1안)이 미래가치로 140,288 더 유리하다.

[물음 2]

계약시점(2×13년 1월 1일)의 분개:

(차) 계약자산	1,000,000	(대) 현　　금	1,000,000

취득시점의(2×16년 1월 1일) 분개:

(차) 계약자산	1,259,712	(대) 현　　금	1,000,000
		이자수익	259,712

결국 이러한 선불거래의 실질은 현재시점에서 ₩1,000,000을 대여해주고, 3년뒤 원금과 이자를 포함하여 ₩1,259,712을 현금으로 상환받는 대신 동일한 금액만큼의 유형자산(중

장비)으로 돌려받음으로써 취득하는 것으로 볼 수 있다.

9 연금과 목돈의 현재가치

계주가 총 13번 불입하는 금액의 현재가치 총합계: ₩100,000＋₩100,000×11.255(12기간, 1% 정상연금 현재가치이자요소＝₩1,225,500

₩1,225,500－₩1,200,000(목돈으로 받는 금액의 현재가치)＝₩25,500 손해

저자의 Tip 계주란 계모임의 회장 또는 총무라고 이해하면 된다.

10 연금의 미래가치

60기간, 정상연금의 미래가치이자요소는 81.671이므로,

₩100,000,000÷81.671＝₩1,224,425(매달 불입하여야 하는 적금액)

11 현재가치계산과 구입의사결정

현재가치 합계＝₩1,500,000×9.954(12기간, 3% 정상연금의 현재가치이자요소)＝₩14,931,000 할부금의 현재가치 1,493만원이 현금구입가 1,350만원보다 높기 때문에 제안을 거절한다. 단, 여기에서 3년은 3개월기준 12기간 기준으로 현재가치이자요소를 적용하여야 한다.

12 연금의 현재가치계산과 이자율

대출금의 현재가치＝₩6,000,000×(10기간, x% 정상연금의 현재가치)＝₩50,000,000

여기에서 구하고자 하는 (10기간, x% 정상연금의 현재가치)는 8.333, 여기에서 5년은 6개월기준 10기간의 현재가치이자요소를 적용하여야 한다.

정상연금 3%의 현재가치이자요소: 8.5302

정상연금 4%의 현재가치이자요소: 8.1109

x＝약 3.47%(현재가치표의 3%와 4%의 값으로부터 보간법으로 근사치를 추정):

$$3\% + \frac{(8.5302 - 8.333)}{(8.5302 - 8.1109)} \fallingdotseq 3.47\%$$

13 현재가치계산을 통한 경제성분석

기간수	이자율	단일금액의 현재가치이자요소	정상연금의 현재가치이자요소
12개월	1%	0.8874	11.255
23개월	1%	0.7954	20.456
24개월	1%	0.7876	21.243

(1) 푸르지오:

현재가치로 계산한 임차료비용 = ₩200,000,000 − ₩157,520,000(200,000,000 × 0.7876: 24기간 1% 현재가치이자요소)
= ₩42,480,000

(2) 래미안:

현재가치로 계산한 임차료비용 = ₩2,000,000 × 21.243(24기간 1% 정상연금의 현재가치이자 요소)
= ₩42,486,000

(3) 자이:

현재가치로 계산한 임차료비용 = ₩120,000,000 − ₩94,512,000(120,000,000 × 0.7876: 24기간 1% 현재가치이자요소) + ₩1,000,000 × 21.243(24기간 1% 정상연금의 현재가치이자요소)
= ₩46,731,000

(4) 파크:

현재가치로 계산한 임차료비용 = ₩20,000,000 + ₩25,000,000 × 0.8874(12기간 1% 현재가치이자요소)
= ₩42,185,000

따라서 파크아파트에 입주하는 것이 가장 유리하다. 임차료비용의 금액을 순서대로 나타내면, 파크 < 푸르지오 < 래미안 < 자이 순이다.

14

기간수	이자율	단일금액의 현재가치이자요소	정상연금의 현재가치이자요소
12개월	1%	0.8874	11.255
23개월	1%	0.7954	20.456
24개월	1%	0.7876	21.243

(1) 푸르지오:

현재가치로 계산한 임차료비용 = ₩200,000,000 − ₩157,520,000(200,000,000 × 0.7876: 24기간 1% 현재가치이자요소)
= ₩42,480,000

(2) 래미안:

현재가치로 계산한 임차료비용 = ₩2,000,000+₩2,000,000 × 20.456(23기간 1% 정상연금의 현재가치이자 요소)
= ₩42,912,000

(3) 자이:

현재가치로 계산한 임차료비용

=₩120,000,000－₩94,512,000(120,000,000×0.7876: 24기간 1% 현재가치)

＋₩1,000,000+₩1,000,000×20.456(23기간 1% 정상연금의 현재가치이자요소)

＝₩46,944,000

(4) 파크:

현재가치로 계산한 임차료비용＝₩20,000,000＋₩25,000,000×0.8874(12기간 1% 현재가치이자요소)

＝₩42,185,000

따라서 파크아파트에 입주하는 것이 가장 유리하다. 임차료비용의 금액을 순서대로 나타내면, 파크＜푸르지오＜래미안＜자이 순이다.

제4장 재고자산과 수익인식

심화학습

◉ 제조업의 재고자산 회계처리와 제조원가명세서의 이해

예제 1 제조업의 재고자산 회계처리와 제조원가명세서의 이해

(1) 한일가구의 2×10년 5월 1일 현재의 재고자산 금액은 다음과 같다.
원재료: ₩200,000 재공품: ₩500,000 제품: ₩800,000

(2) 5월 1일부터 5월 31일까지의 제조와 관련한 거래내역은 다음과 같다.

① 한일가구의 제조공정에 사용되는 원재료인 합판에 대한 거래내역은 다음과 같다.
기초재고: 20장×@₩10,000=₩200,000
5월 15일: 합판 70장(1장당 @₩12,000)을 구입하였다.
5월 25일: 합판 80장을 생산현장에 투입하였다(따라서 기말재고는 10장 남아 있다).

② 노무비(급여) 총액은 ₩5,000,000(제조 관련 공장부담액 ₩4,000,000, 판매 및 관리를 담당하는 본사부담액 ₩1,000,000)이었다.

③ 기타 간접비용은 총 ₩3,000,000이 발생하였으며 그 중 제조관련 공장부담률은 80%이며, 나머지 20%는 판매비와관리비로 처리한다.

④ 월말 재공품평가액은 ₩600,000이다.

⑤ 완성제품(책상 한 종류만 있다고 가정)에 관한 정보는 다음과 같다.
기초제품: 수량 10개, 단가 ₩80,000으로 총금액 ₩800,000
당기(2×10년 5월)중 완성품수량 100개

⑥ 5월중 제품 90개를 단가 ₩110,000에 현금으로 판매하였으며, 제품 기말재고는 20개이다.

(3) 원재료 및 제품의 평가는 선입선출법에 의한다.

[물음] 위 자료를 토대로 2×10년 5월의 제조원가명세서와 손익계산서를 작성하시오.

| 풀이 |

■ 제조업의 재고자산 회계처리와 제조원가명세서

제조원가명세서

한일가구(주) 2×10년 5월 1일 ~ 5월 31일

재료원가		
기초원재료재고액	₩200,000 (=₩10,000×20장)	
당기원재료매입액	840,000 (=₩12,000×70장)	
계	1,040,000	
기말원재료재고액(기말재고수량: 10장)	−120,000	₩920,000
노무원가(제조관련 공장부담액)		4,000,000
제조간접원가		2,400,000
당기총제조원가		7,320,000
기초재공품재고액		+500,000
합 계		7,820,000
기말재공품재고액		−600,000
당기제품제조원가		₩7,220,000 (100개 생산)
(1개당 제조원가)		@₩72,200

포괄손익계산서

한일가구(주) 2×10년 5월 1일 ~ 5월 31일

매출액		₩9,900,000 (=₩110,000×90개)
매출원가		
기초제품재고액	800,000 (10개)	
당기제품제조원가	+7,220,000 (100개 생산)	
계	8,020,000	
기말제품재고액(기말재고수량: 20개)	−1,444,000	6,576,000
매출총이익		3,324,000
판매관리비		
급여(본사부담액)	1,000,000	
기타비용(간접비용중 본사부담액)	600,000	1,600,000
영업이익		**₩1,724,000**

◉ 전통적 수익인식기준: 진행기준, 완성기준, 판매기준

- 건설공사를 수주하여 현재 건설공사가 진행 중인 경우(진행기준)
- 자원개발회사가 보유한 금광에서 채굴한 금을 보유하고 있는 경우(생산기준)

- 반품가능 조건으로 판매한 경우(시용판매의 수익인식)
- 재화와 용역을 묶어 일괄적으로 판매계약을 체결한 경우(결합상품판매)
- 장기할부조건으로 판매한 경우(판매기준 또는 인도기준)

이러한 거래에 대해 개정된 수익인식기준서 K-IFRS 제1115호가 적용되는 2018년 이전에는 진행기준, 완성기준, 판매기준의 관점에서 회계처리하였으며, 다음의 거래 하나하나에 대해 구체적으로 살펴보도록 하자.

사례①: 보미건설은 2×01년초에 100억원 규모의 기숙사 건설공사를 수주하여 현재 건설공사가 진행 중이며, 2×02년말에 완공하여 인도할 예정이다.

①의 거래는 진행기준을 적용할 수 있다. 완공된 정도를 나타내는 진행률이 기말 현재 60%라고 한다면 건물을 완공하여 인도하기 전이라도 60억원의 수익을 인식하고 대응되는 원가를 손익계산서에 보고하면 된다.

사례②: 황금개발은 강원지역에서 운영 중인 금광에서 채굴한 43억원 상당의 금을 보유하고 있으며, 대리점에서 주문하는 대로 배송할 예정이다.

②의 거래는 완성기준을 적용할 수 있다. 판매가격이 어느 정도 확실하고, 환금성이 있는 금에 대해서는 채굴하여 인도할 수 있는 상태에 놓여 있다면 수익을 인식하기에 충분하다고 보는 것이다.

사례③: 꽃샘홈쇼핑은 신물질로 개발된 천연보습제를 고객의 주문에 따라 총 3,000만원 상당을 택배로 배송하였으며, 고객은 2주 동안 사용해본 다음 반품할 수 있다.

③의 거래는 판매기준을 적용할 수 있다. 하지만 언제를 판매시점을 볼 것인가? 하는 문제가 남아 있다. 먼저 ③의 거래에서 고객의 주문을 받고 배송한 시점을 기준으로 한다면 3,000만원의 수익은 2×01년의 손익계산서에 보고되지만, 환불기한까지 기다린다면 2×01년에 보고될 수익은 없다.

사례④: 꽃샘(주)는 전산시스템과 서버 등의 전산장비 및 향후 5년간 유지보수계약을 묶어 총 27억원에 납품하는 계약을 체결하고, 연말 현재 인도 완료하였다.

④의 거래는 판매기준을 적용할 수 있다. 하지만 언제를 판매시점을 볼 것인가? 얼마의 금액으로 수익을 측정할 것인가? 그리고 재화와 서비스가 결합되어 판매된 경우 이들을

각각 분리해서 볼 것인가? 하는 문제가 남아 있다. 이 경우 전산시스템, 전산장비, 유지보수계약의 세 건으로 나누어 각각을 구분하여 수익으로 인식하여야 할지 아니면 하나의 거래로 간주하여 전체 계약금액을 수익으로 인식하여야 할지 판단하여야 한다.

> 사례⑤: 3,000만원의 계약금을 수취하고 잔금은 월 1,000만원씩 35개월에 나누어 받기로 하는 할부조건으로 중장비를 판매하고 출고하였다.

⑤의 거래는 할부기한이 끝나는 35개월 후에 인식하는 것이 아니라 중장비를 인도한 2×01년에 매출수익을 전액 인식한다. 이때 할부대금을 전액 수익으로 인식하지는 않는다. 대신 현금판매가로 수익을 측정하기 때문에 미래 수취하게 될 할부금을 현재가치로 계산해야 한다. 이렇게 계산된 현금판매가와 할부금총액(3억 8천만원=3,000만원+3억 5천만원)의 차이는 이자수익으로 인식해야 한다.

◉ 수익인식과 계약자산 및 수취채권

고객에게 재화와 용역을 이전하면 그 대가를 받을 권리가 생긴다. 이 권리에 조건이 붙어있다면 어떻게 수익을 인식할 것인가? 다음 [예제 2]를 통해 살펴보자.

예제 2 수행의무의 식별과 수익인식(I)

꽃샘(주)는 8월말 준공예정인 오피스텔에 냉장고와 에어컨을 납품하기로 계약을 맺었다. 에어컨은 성수기 이전인 4월말까지 인도하고, 대금은 8월 중 인테리어 공사에 수반되는 냉장고 설치 완료를 조건으로 하는 계약을 2억원에 체결하였다. 이 경우 에어컨과 냉장고를 인도하고 설치하기로 한 약속을 수행의무로 식별한 다음, 제품의 개별 판매가격에 기초하여 에어컨의 수행의무에 1억 4천만원, 냉장고의 수행의무에 6천만원을 배분한 경우 (1) 에어컨 인도 (2) 냉장고 설치완료 시점에서 수익으로 인식할 금액은 각각 얼마인가?

| 풀이 |

에어컨 인도시: 1억 4천만원의 수익인식

(차) 계약자산	1억 4천만원	(대) 매 출	1억 4천만원

냉장고 설치완료시: 6천만원의 수익인식

(차) 수취채권	2억원	(대) 계약자산	1억 4천만원
		매 출	6천만원

이번에는 상품판매 계약을 하면서 일정수량을 초과할 경우에는 최초 판매수량 분부터 가

격을 소급하여 할인해주기로 한 경우 할인액 만큼의 환불금(또는 리베이트) 지급이 예상되는 상황에서 어떻게 수익을 인식해야 할지 다음 [예제 3]을 통해 알아보도록 하자.

예제 3 수행의무의 식별과 수익인식(Ⅱ)

꽃샘(주)는 거래처인 하이마트에 에어컨을 개당 ₩1,200,000에 납품하기로 계약을 맺었다. 단, 1년 이내에 하이마트가 5,000개 이상 구매할 경우에는 단가를 개당 ₩1,000,000으로 소급하여 낮추어주기로 하였다. 결산일인 2×01년 12월 31일 현재 3,000개를 인도하였으며, 기상관측 정보와 판매추세를 고려하면 5,000개 이상 판매될 것으로 예상하고 있다. 계약의 체결과 수행의무를 식별한 다음 결산일에 수익으로 인식해야 할 금액을 구하고, 적절한 회계처리를 하시오.

| 풀이 |

결산일 현재 3,000개의 에어컨을 인도하였기 때문에 36억원(=₩1,200,000×3,000개) 상당의 수익을 인식해야 하지만 판매수량이 5,000개를 넘어설 것으로 예상되므로 판매가격 자체를 소급하여 ₩1,000,000을 적용하고 할인액(개당 ₩200,000)만큼 거래처에 되돌려주어야 하므로 30억원(=₩1,000,000×3,000개)을 수익으로 인식하고 다음과 같이 회계처리하여야 한다.

2×01년 12월 31일 에어컨 인도시

(차) 수취채권	36억원*	(대) 매 출	30억원
		환불부채(계약부채)	6억원**

* ₩1,200,000×3,000개, ** ₩200,000×3,000개

◉ 결합상품판매의 수익인식

교과서에서 설명한 단계별 수익인식 절차를 결합상품 판매에 적용하는 경우에 대하여 다음 [예제 4]를 통해 학습해보기로 하자.

예제 4 결합상품 판매의 수익인식

KST는 휴대폰(판매가 ₩400,000)과 통신서비스를 월 ₩60,000씩 24개월 약정으로 ₩1,440,000(=월 ₩60,000×24개월)에 판매하고, ₩1,840,000을 총수익으로 회계처리해 왔다. 새로운 마케팅전략을 도입하여 휴대폰과 24개월 약정 통신서비스를 묶은 결합상품을 종전보다 ₩240,000 할인하여 ₩1,600,000에 판매하기로 하였다. 이때 ① 단말기 할인을 원하는 고객에 대해서는 휴대폰 ₩160,000(판매가격 ₩400,000－할인액 ₩240,000)+통신요금 ₩1,440,000(=월 ₩60,000×24개월)=₩1,600,000 ② 통신요금 할인을 원하는 고객을 위해서는 단말기 ₩400,000+통신요금 ₩1,200,000{=월 ₩50,000×24개월; 종전

통신요금 ₩60,000－요금할인 ₩10,000 (＝할인액 ₩240,000/24개월)}＝₩1,600,000으로 나누어 수익을 인식하는 회계처리를 한다.

[물음 1] ①에 따른 회계처리 결과 기간별 수익을 구하시오.

[물음 2] ②에 따른 회계처리 결과 기간별 수익을 구하시오.

[물음 3] 새로운 수익인식기준서에 따라 총수익 ₩1,600,000을 재화(휴대폰)와 용역(통신서비스)의 개별 판매가격을 기준으로 배분하여 수익인식을 할 경우 기간별로 수익이 균등하게 나타남을 보이시오.

| 풀이 1, 2 |

(단위: 천원)

구 분	개별 판매가격 (비중)	① 단말기 할인(₩240,000)			② 통신요금 할인 (월 ₩10,000×24개월)		
		수익총계 (24개월)	판매한 달	다음 각 23개월 (매월)	수익총계 (24개월)	판매한 달	다음 각 23개월 (매월)
단말기 판매	400(22%)	160	160	–	400	400	–
통신서비스 제공	1,440(78%)	1,440	60	60	1,200	50	50
수익 합계	1,840(100%)	1,600	220	1,380 (60×23개월)	1,600	450	1,150 (50×23개월)

저자의 Tip 종전의 수익인식기준에 따를 경우 결합상품 판매 시 ① 단말기 할인, ② 통신요금 할인 가운데 어떤 회계처리방법을 선택하는지에 따라 휴대폰을 판매하고, 개통한 달과 약정기간 동안의 월별 수익금액에는 차이가 발생하는 것을 알 수 있다. 즉 ① 단말기 할인의 경우 판매한 달에는 ₩160,000＋₩60,000＝₩220,000, 그 이후 매달 ₩60,000의 수익이 인식되나, ② 통신요금 할인의 경우 판매한 달에는 ₩400,000＋₩50,000＝₩450,000, 그 이후 매달 ₩50,000의 수익이 인식된다.

| 풀이 3 |

위의 ①, ② 방법을 선택하더라도 회사에 유입되는 금액은 ₩1,600,000으로 동일하므로 이 금액을 종전의 개별 판매가격기준으로 배분하여 재화(단말기)와 용역(통신서비스)의 수익을 인식한다.

(단위: 천원)

구 분	개별 판매가격 (비중)	① 단말기 할인 ② 통신요금 할인		
		거래가격의 배분 (개별판매가격 기준)	판매 당월	다음 각 23개월 (매월)
단말기 판매	400(22%)	352(22%)	752	-
통신서비스 제공	1,440(78%)	1,248(78%)	54.3*	54.3
수익 합계	1,840(100%)	1,600(100%)	806.3	54.3

* 24개월간 통신서비스 제공에 배분된 거래금액: ₩1,248,000÷24개월 = 월 ₩54,300

저자의 Tip 개정된 수익인식기준에 따를 경우 결합상품 판매시 ① 단말기 할인 ② 통신요금 할인 중 어떤 방법으로 회계처리하더라도 동일한 결과를 가져온다는 것을 알 수 있다.

모범답안

1 재고자산의 가격결정

[물음 1] 매출원가: (₩104,000/800)×650 = ₩84,500. 여기에서 평균단가는 ₩130

기말재고: ₩104,000 − ₩84,500 = ₩19,500. 또는 ₩130×150개(기말재고수량) = ₩19,500

[물음 2] 매출원가: ₩10,000 + ₩48,000 + ₩150×150개 = ₩80,500

기말재고: ₩150×50개 + ₩16,000 = ₩23,500

또는 ₩104,000 − ₩80,500(매출원가) = ₩23,500

2 재고자산의 추정 및 감모손실의 계산

[물음 1] 매출액: 2,900,000 + 매출채권의 증가(300,000 − 200,000) = ₩3,000,000

[물음 2] 매입액: 2,700,000 − 매입채무의 감소(300,000 − 200,000) = ₩2,600,000

[물음 3] 매출원가: 3,000,000×0.8 = ₩2,400,000(매출총이익률이 20%이므로, 원가는 매출액의 80%) 따라서, 감모손실: 정상기말재고(250,000 + 2,600,000 − 2,400,000) − 실지재고(280,000) = ₩170,000

3 수익인식 사례

[사례 1] 100억원×40%=40억원

[사례 2] 채굴한 금과 같이 환금성이 높고 판매가격을 객관적으로 식별할 수 있는 경우에는 완성기준을 적용할 수 있으며, 40억원으로 평가할 수 있다.

[사례 3] 반품기한 2주가 경과되기 전까지 3,000만원 상당의 시용판매제품의 원가를 재고자산으로 보고해야 한다.

[사례 4] 인도 완료한 전산시스템과 서버 등의 전산장비 대가 22억원은 매출수익으로 인식할 수 있으며, 유지보수계약 대가 5억원은 해당되는 유지보수 용역을 제공하거나 계약기간 5년 동안 나누어 수익으로 인식할 수 있다.

[사례 5] 3,000만원+1,000만원×29.409(1%, 35기간 연금의 현재가치이자요소)=3억 2,409만원을 중장비 판매로부터의 수익으로 인식할 수 있다.

4 소매재고법(평균법 적용)

원가율: (40,000+350,000)/(80,000+520,000)=0.65(평균법의 경우에는 기초재고와 당기 매입을 포함하여 계산)

매출원가: 480,000×0.65=₩312,000

기말재고: 40,000+350,000−312,000=₩78,000

또는 (80,000+520,000−480,000)×0.65=₩78,000

5 소매재고법(선입선출법)

[물음 1]

원가율: 24,000/29,000=0.83(선입선출의 원가흐름하에서는 기초재고자산부터 인도될 것이므로 기말재고자산은 당기 매입된 재고만으로 구성될 것이다. 따라서 당기 매입한 재고자산의 원가와 판매가를 토대로 원가율을 계산하는 것이다)

[물음 2]

매출원가: (3,000+24,000)−4,150=₩22,850

기말재고: {(6,000+29,000)−30,000}×0.83=₩4,150

6 재고자산의 추정(매출총이익법 적용)

순매입액: 550,000+운임 30,000+보험료 10,000−매입할인 40,000−매입환출 20,000 =₩530,000

매출원가: (650,000−매출에누리 50,000)×원가율 0.8=₩480,000(매출운임은 판매비로 인식)

감모손실: 정상 기말재고(기초재고 30,000 + 당기순매입 530,000 − 매출원가 480,000 = 80,000) − 실지재고 60,000 = ₩20,000

7 매출총이익법을 적용한 재고자산의 화재손실 추정

순매출액: 1,525,000 − 100,000 = ₩1,425,000

매출원가: 1,425,000/1.25 = ₩1,140,000 또는 매출원가 + 매출원가 × 25% = ₩1,425,000

순매입액: 1,100,000 − 110,000 = ₩990,000

화재손실이 발생하지 않은 경우의 기말재고: 판매가능액(기초재고 + 순매입액) − 매출원가
= 400,000 + 990,000 − 1,140,000 = ₩250,000

화재로 인한 재고자산 감모손실액 : 화재손실 인식전 기말재고 − 현재 기말재고
= 250,000 − 30,000 = ₩220,000

따라서, 화재로 인한 재고자산 손실액은 ₩220,000이 된다.

8 저가법

[물음 1]

(차) 재고자산평가손실	40,000	(대) 재고자산평가충당금	40,000

장부상원가: ₩1,770,000, 저가: ₩1,670,000 따라서 재고자산평가충당금은 ₩100,000이 되어야 하므로 잔액 ₩60,000을 차감하여 ₩40,000을 추가로 설정하여야 한다.

[물음 2]

각 종목별로 장부상원가와 순실현가능가치를 비교하여 저가로 평가된 금액이 재고자산의 장부금액이다. 따라서 ₩250,000 + ₩220,000 + ₩480,000 + ₩320,000 + ₩400,000 = ₩1,670,000 또는 ₩1,770,000 − 재고자산평가충당금 (₩100,000) = ₩1,670,000

제5장 유형자산(Ⅰ)

심화학습

◉ 유형자산의 의미와 분류

예제 1 유형자산의 의미와 분류

세기화학(주)는 다음의 비유동자산을 보유하고 있다. 이 중에서 K-IFRS 제1016호 '유형자산'의 적용대상이 되는 유형자산은 어느 것인가?

- 운용리스로 계약하고 사용 중인 복사기
- 임대목적으로 소유하고 있는 부동산
- 보유하고 있는 부동산 중 장래 사용목적이 아직 정해지지 않은 토지
- 정부보조금을 지원받아 구입한 연구개발용 장비
- 임대수익을 얻기 위하여 리스회사로부터 금융리스로 취득한 빌딩

| 풀이 |

정부보조금을 지원받아 구입한 연구개발용 장비를 제외하고는 유형자산으로 인식할 수 없다.

- 운용리스로 계약하고 사용 중인 복사기는 재무상태표에 자산으로 계상할 수 없다.
- 임대목적으로 보유하고 있는 부동산과 재개발중인 투자부동산, 임대목적으로 금융리스로 취득한 빌딩은 K-IFRS 제1040호 '투자부동산'의 적용대상이다.

◉ 유형자산의 장부금액

예제 2 유형자산의 장부금액

유형자산의 장부금액에 포함하여 인식하지 않는 경우의 예는 다음과 같다.

| 풀이 |

- 가동할 수 있는 상태에 이르렀으나 실제로 영업활동을 위해 아직 사용하고 있지 않은 경우에 발생된 원가
- 가동수준이 완전조업도 수준에 미치지 못하는 경우에 발생하는 원가
- 유형자산과 관련된 산출물에 대한 수요가 형성되는 과정에서 발생하는 초기 가동손실
- 기업의 영업 전부 또는 일부를 재배치하거나 재편성하는 과정에서 발생하는 원가
- 새로운 시설을 개설하는 데 소요되는 원가
- 새로운 상품과 서비스를 소개하는 데 소요되는 원가(예: 광고 및 판촉활동과 관련된 원가)

- 새로운 지역에서 또는 새로운 고객층을 대상으로 영업을 하는 데 소요되는 원가(예: 직원교육훈련비)
- 관리 및 기타 일반간접원가

◉ 일반차입금의 자본화대상 차입원가

적격자산을 취득하기 위한 목적으로 특별히 차입하지 않은 경우라도 차입금이 있다면 이 중의 일부가 적격자산의 취득·건설·제작을 위해 사용되었다고 간주하여 이 부분에 대해서도 차입원가를 자본화한다는 것이다. 따라서 ① 얼마만큼의 차입금이 사용되었는지 추정하는 과정과 ② 얼마의 이자율을 적용해야 하는지 결정해야 한다.

① **일반차입금에 의한 자금조달 금액:** 적격자산의 취득·건설에 지출된 금액에서 특정목적차입금으로 충당한 부분을 차감하여 구한다.

■ 일반차입금 사용 부분: 적격자산에 대한 평균지출액－특정목적차입금으로 충당한 금액

② **일반차입금의 자본화이자율:** 회계기간 동안 상이한 조건으로 여러 차례 차입한 경우 당기에 발생한 총이자비용을 각각의 차입금별로 차입기간으로 가중평균한 평균차입금으로 나누어 산정한다.

■ 일반차입금 자본화이자율: $\dfrac{\text{일반차입금의 총이자비용}}{\text{차입기간으로 가중평균한 일반차입금}}$

③ 일반차입금의 자본화대상 차입원가

■ 일반차입금이 사용된 부분 × 일반차입금의 자본화이자율

예제 3 일반차입금에 적용할 자본화 이자비용의 계산

세기테크는 MRI장비를 제조·판매하는 기업이며, 생산에 착수하여 이미 자본화된 차입원가까지 반영된 재공품의 장부금액은 20×8년말 현재 6천만원이다. 20×9년 4월 1일 4천만원, 7월 1일에 1억원의 제조원가를 추가 투입하고, 12월 31일 판매가능한 상태가 되었다. 세기테크의 영업활동 관련 일반차입금 조달현황은 다음과 같다.

(단위: 천원).

	차입금	차입일	20x9년 발생 이자비용
은행 당좌차월(10%)	₩10,000	20×8년 4월 1일	₩1,000
단기 은행차입금(8%)	90,000	20×9년 9월 1일	2,400
장기 은행차입금(7%)	120,000	20×9년 7월 1일	4,200
	₩220,000		₩7,600

[물음 1] 위 자료를 토대로 20×9년 12월 31일 완성된 제품(MRI장비)의 원가를 구하시오.
[물음 2] 20×9년에 자본화된 차입원가를 반영하기 위한 회계처리를 하시오.

| 풀이 |

(단위: 천원).

	가중평균 일반차입금	이자비용
은행 당좌차월(10%)	₩10,000 = 10,000×12/12	₩1,000
단기 은행차입금(8%)	30,000 = 90,000×4/12	2,400
장기 은행차입금(7%)	60,000 = 120,000×6/12	4,200
	합 계 ₩100,000	₩7,600(한도)

■ **일반차입금에 적용할 자본화이자율**: 7.6% = 7,600/100,000

20×9년도 적격자산(재고자산)에 대한 지출

(단위: 천원).

지출시점	지출금액	1년기준(가중치)	기간으로 가중평균한 지출액
20×9년 1월 1일	₩60,000*	12/12	₩60,000
20×9년 4월 1일	40,000	9/12	30,000
20×9년 7월 1일	100,000	6/12	50,000
	₩200,000		₩140,000

* 20×9년초에 6천만원 상당의 재공품 취득을 위해 자금이 사용된 것으로 간주하거나, 기초재고자산에 차입금으로 조달된 자금이 묶여있다고 볼 수 있다.

■ **20×9년 자본화기간 동안의 차입원가**:
₩10,640 = ₩140,000(적격자산에 대한 가중평균지출액)×7.6%

■ **실제 발생된 차입원가(한도)와 비교**: ₩7,600 < ₩10,640이므로 ₩7,600까지 자본화

1. 20×9년 12월 31일 재고자산(MRI장비)의 장부금액 = ₩200,000(투입된 제조원가) + ₩7,600(자본화된 금융비용) = ₩207,600
2. 20×9년 자본화 차입원가에 대한 회계처리

(차) 재고자산(제품)	7,600	(대) 이자비용	7,600

◉ 자본화기간

적격자산에 대해 차입금으로 충당된 부분과 이자율이 산정되었다면 이제부터는 '언제부터 언제까지' 발생된 차입원가를 자본화해야 하는지 결정하기 위해 기간귀속에 대한 판단이 필요하다. 언제부터 자본화를 시작하여 언제까지 자본화를 해야 할 것인가? 그리고 자본화를 잠시 중단해야 될 때는 언제인가?로 나누어 살펴보도록 하자.

▪ 자본화 시작시점: 다음 세 가지 조건을 모두 충족시키는 시점이다.

(가) 적격자산에 대하여 지출하고 있다.

(나) 차입원가를 발생시키고 있다.

(다) 적격자산을 의도된 용도로 사용하거나 판매가능한 상태에 이르게 하는 데 필요한 활동을 수행하고 있다.

위의 (다)와 관련해서, 예를 들면 유형자산을 건설하기 전 건설계획 준비와 정부승인을 받는 과정에서 발생한 차입원가도 자본화하는 것이 적절하다. 왜냐하면 유형자산의 물리적 건설뿐만 아니라 의도된 용도 또는 판매목적의 자산을 준비하기 위한 허가절차와 관련된 활동으로서 기술적 작업 및 행정절차를 포함한 필수적 활동이 진행되는 기간도 자본화기간에 포함되기 때문이다.

▪ 자본화 종료시점

적격자산을 의도된 용도로 사용하거나 판매가능한 상태에 이르게 하는 데 필요한 대부분의 활동이 완료된 시점에 차입원가의 자본화를 종료한다. 이 시점이 자산의 취득이 완료되었다고 보기 때문이다. 적격자산이 물리적으로 완성된 경우라면 준공검사 등 일상적인 건설 관련 후속 관리업무 등이 진행되고 있거나, 구입자 또는 사용자의 요청에 따른 내장공사와 같은 전체 공사범위나 내용에 비추어 중요하지 않은 작업이 진행되고, 자금의 지출이 수반된다고 하더라도 건설활동이 종료된 것으로 보아 자본화도 종료한다.

그렇다고 하더라도 몇 개 단지로 구성된 종합쇼핑몰이라든지 조선소, 제철소 등의 주요 공정이 순차적으로 완공되는 경우라면 부분적으로 완공되어 의도된 목적대로 사용가능한 상태에 도달하였다면 자본화가능 적격자산으로 볼 수 있다.

▪ 자본화의 중단

적격자산에 대한 적극적인 개발활동을 중단한 기간에는 차입원가의 자본화를 중단한다. 왜냐하면 자산을 의도된 용도로 사용하거나 판매가능한 상태에 이르게 하는 데 필요한 활동을 중단한 기간에도 차입원가는 발생할 수 있으나, 이러한 차입원가는 미완성된 자산을 보유함에 따라 발생하는 비용으로서 자본화요건을 충족하지 못하기 때문이다.

그러나 건축허가 등 상당한 기술 및 관리활동을 진행하고 있거나, 공사 현장에서 문화재가 발굴되는 등 법적 규제나 자연재해 등으로 인하여 건설활동이 지연되거나 중단되는 경우라면 차입원가의 자본화를 중단하지 아니한다.

앞에서 예를 든 세기테크에서 MRI장비를 완성하는 데 소요될 것으로 추정되는 기간보다 연장되거나, 건설회사의 경우라면 교량건설기간 동안 우기가 겹치거나, 계절성 강수로 인하여 해당 지역의 높아진 수위로 인해 교량건설이 지연되는 경우에도 자본화를 중단하지 않는다는 것이다.

모범답안

1 비화폐성자산과 교환에 의한 취득

취득한 자산은 제공한 자산의 공정가치로 측정한다. 그러나 취득한 자산의 공정가치가 제공한 자산의 공정가치보다 더 명백하거나 신뢰성이 있는 경우에는 이를 취득원가로 한다.

(차) 정수기	1,500,000	(대) 복사기	2,500,000
감가상각누계액 − 복사기	500,000	현금	100,000
유형자산처분손실	600,000		

2 유형자산의 취득원가 및 자본적 지출

자본화 대상금액

신기계취득원가(₩74,000,000) = 신기계구입가격(₩40,000,000)
+ 신기계설치비(₩30,000,000)
+ 신기계시운전비(₩4,000,000)

유형자산이 경영진이 의도하는 방식으로 가동될 수 있는 장소와 상태에 이른 후에는 원가를 더 이상 인식하지 않으므로 구기계 재배치작업비는 자본화하지 않고 비용으로 처리한다. 화재보험료는 유형자산의 취득과 관련되어 직접 발생된 비용이 아니며, 또한 미래효익을 증가시키는 자본적지출이 아니다.

3 건물과 토지의 취득원가 결정

구건물을 포함한 토지를 구입하여 새건물을 건설하는 경우 구건물의 철거비용을 토지의 원가로 포함하여야 한다. 토지를 의도했던 대로 사용할 수 있는 상태에 이르기까지 소요된 원가이므로 취득부대비용으로 본다.

(차)	토 지	3억 5백만원	(대) 현금 등	3억 5백만원
	건설중인 유형자산	1억 3천만원	현금 등	1억 3천만원

4 정부보조금 등에 의한 취득

(원가차감법)

(차)	기계장치	6,000,000	(대) 현 금	6,000,000
	현 금	1,500,000	정부보조금*	1,500,000

* 재무상태표에서 기계장치 계정에서 차감하는 형식으로 표시

(이연보조금수익법)

(차)	기계장치	6,000,000	(대) 현 금	6,000,000
	현 금	1,500,000	이연정부보조금수익*	1,500,000

* 재무상태표에서 부채항목으로 표시

5 대금지급의 장기이연과 취득원가 결정

(차)	중장비	22,194,550	(대) 장기미지급금	30,000,000
	현재가치할인차금	8,646,000	현 금	5,000,000
	매도가능금융자산	4,159,450		

- 외상대금의 현재가치: ₩30,000,000×0.7118(3년 12% 현재가치이자요소)=₩21,354,000
  현재가치할인차금=₩30,000,000−₩21,354,000=₩8,646,000
- 공채 액면금액: ₩5,000,000, 액면이자: ₩250,000(5,000,000×5%)
  공채의 현재가치(즉, 공정가치)
  =₩5,000,000×0.7118(3년 12% 현재가치이자요소)+₩250,000×2.4018(3년 12% 연금의 현재가치이자요소)
  =₩4,159,450
  공채의 액면가와 공정가치와의 차액: ₩5,000,000−₩4,159,450=₩840,550
- 중장비취득원가: ₩21,354,000+₩840,550(공채의 액면가와 공정가치와의 차액)
  =₩22,194,550
  국공채 교부를 수반하는 경우 공채의 액면가와 공정가치와의 차액은 유형자산의 취득원가에 가산한다.

6 국공채 매입과 유형자산의 취득원가

(차)	차량운반구	10,085,800	(대) 현 금	11,000,000
	공채(매도가능금융자산)*	914,200		

* 공채를 취득하는 데 ₩1,000,000을 지급하였지만 차량운반구 취득을 위하여 공정가치(₩914,200) 이상의 금액을 지급한 부분은 취득원가에 가산한다. 공채의 취득거래를 따로 표시하면 다음과

같다.

(차)	차량운반구	85,800	(대) 현 금	1,000,000
	공채(매도가능금융자산)	914,200		

7 정부보조금의 회계처리와 연수합계법

2×01년 1월 1일

(차)	현 금	3,000,000	(대) 정부보조금	3,000,000
	기계장치	12,000,000	현 금	12,000,000

■ 2×01년 12월 31일 ① 취득시 정부보조금을 이연수익으로 계상한 경우

(차)	감가상각비*	4,000,000	(대) 감가상각누계액	4,000,000
	이연정부보조금수익	1,000,000	정부보조금수익**	1,000,000

■ 2×01년 12월 31일 ② 정부보조금을 감가상각비와 상계하는 경우

(차)	감가상각비*	4,000,000	(대) 감가상각누계액	4,000,000
	정부보조금**	1,000,000	감가상각비	1,000,000

* 감가상각비 $= (12,000,000 - 0) \times \frac{5}{15}$

** 이연정부보조금수익 또는 감가상각비와 상계할 금액은 $(\frac{\text{당기 감가상각비}}{\text{감가상각대상금액}} \times \text{정부보조금})$이므로 $\frac{4,000,000}{12,000,000} \times 3,000,000 = ₩1,000,000$

8 차입원가의 자본화

차입원가: 20×1년

20×1년 1월 1일 ~ 20×1년 12월 31일(50억원×8%×12/12) = 4억원

20×1년 4월 1일 ~ 20×1년 12월 31일(100억원×10%×9/12) = 7.5억원

11.5억원

■ 차입원가: 20×2년

20×2년 1월 1일 ~ 20×2년 12월 31일(50억원×8%×12/12) = 4억원

20×2년 1월 1일 ~ 20×2년 12월 31일(100억원×10%×12/12) = 10억원

14억원

■ 자산의 장부금액:

건설관련 비용		=	150억원
자본화할 차입원가	20×1년	=	11.5억원
	20×2년	=	14억원
			175.5억원

■ 2×02년 12월 31일

(단위: 억원)

(차)	건 물	175.5	(대) 이자비용	14
			건설중인자산	161.5

9 외화선급금에 의한 유형자산 취득

(차)		(대)	
1월 1일: 선급금	₩1,400,000	현 금	₩1,400,000(=€1,000×₩1,400)
3월 1일: 선급금	3,000,000	현 금	3,000,000(=€2,000×₩1,500)
6월 1일: 선급금	3,200,000	현 금	3,200,000(=€2,000×₩1,600)
9월 1일: 유형자산(선박)	14,600,000	현 금	7,000,000(=€5,000×₩1,400)
		선급금	7,600,000

10 원가모형하의 손상차손

[물음 1]

* 매기 감가상각액=₩5,000,000/10=₩500,000

3차년도초(2×13년 1월 1일)

(차)	유형자산손상차손 (당기손실)	1,600,000	(대) 손상차손누계액	1,600,000

2×13년 1월 1일의 장부금액: ₩4,000,000(=취득원가 ₩5,000,000−감가상각누계액 ₩1,000,000)

회수가능액: ₩2,400,000

따라서 손상차손은 ₩4,000,000−₩2,400,000=₩1,600,000

[물음 2]

3차년도말(2×13년 12월 31일)

(차)	감가상각비*	300,000	(대) 감가상각누계액	300,000

* {취득원가(₩5,000,000)−감가상각누계액(₩1,000,000)−손상차손누계액(₩1,600,000)}/8년(손상차손을 인식한 시점의 잔존 내용연수)=₩300,000

4차년도말(2×14년 12월 31일)

(차)	감가상각비	300,000	(대) 감가상각누계액	300,000
(차)	손상차손누계액	1,200,000	(대) 손상차손환입* (당기손익)	1,200,000

* 회수가능액(₩3,200,000)과 손상을 인식하지 않고 정상적으로 감가상각한 경우의 장부금액(=₩3,000,000)과 비교하여 회수가능액의 한도를 산출:
  - 4차연도말 장부금액(감가상각비 인식후)=₩1,800,000(취득원가 ₩5,000,000−감가상각누계액 ₩1,600,000(=₩500,000×2년+₩300,000×2년)−손상차손누계액 ₩1,600,000)

- 4차연도말 장부금액(정상적으로 감가상각한 경우): 취득원가 ₩5,000,000 − 감가상각누계액 ₩2,000,000(= ₩500,000 × 4년) = ₩3,000,000(한도)
  따라서 손상차손환입 = ₩3,000,000 − ₩1,800,000 = ₩1,200,000

제6장 유형자산(Ⅱ)

심화학습

◉ 재평가한 자산의 감가상각비 계산과 손상차손 회계처리의 단계별 학습

예제 1 재평가한 자산의 감가상각비 계산

미래전자(주)는 취득원가 ₩10,000, 내용연수 10년, 잔존가치 0인 기계장치를 2×01년 1월 1일 취득하였으며, 정액법에 의해 감가상각을 하고 사업연도는 1년이라고 한다(단위: 백만원). 단, 재평가로 인하여 감가상각비가 증가되더라도 재평가잉여금을 이익잉여금으로 대체하는 회계처리 방법을 선택하지 않는다고 가정한다.

[계산자료]
- 연간 감가상각비: (10,000−0)/10년=₩1,000
- 1차년도말(2×01년 12월 31일)의 장부금액: ₩9,000(=10,000−1,000)

[물음 1] 2차년도초 재평가모형을 선택하고, 이 기계장치를 ₩13,500으로 재평가한 경우의 회계처리를 하시오. 단, 재평가이익은 마감분개를 통하여 자본의 재평가잉여금(기타포괄손익누계액)으로 대체되었다고 가정한다.

[물음 2] 2×02년의 감가상각비에 대한 회계처리를 하시오.

| 풀이 |

1. 2×02년 1월 1일 재평가의 회계처리

(차) 기계장치	3,500	(대) 재평가이익(기타포괄손익)	4,500
감가상각누계액	1,000		

2. 2×02년 12월 31일 감가상각비의 회계처리

(차) 감가상각비	1,500*	(대) 감가상각누계액	1,500

* {13,500(재평가금액)−0(잔존가치)}/9년(잔존 내용연수)=₩1,500

예제 2 손상차손과 회복의 회계처리

[물음 1] 위의 미래전자(주)는 2차년도말 결산시점에서 손상징후를 발견하고 손상검사를 실시한 결과 기계장치의 회수가능액이 ₩6,400인 경우 손상차손 인식을 위한 회계처리와 2×03년의 감가상각비에 대한 회계처리를 하시오.

| 풀이 |

■ 기계장치의 회수가능액과 감가상각비를 반영한 후의 장부금액을 비교하여 손상차손을 인식한다. 감가상각비를 반영한 후의 장부금액 ₩12,000(= 13,500 − 1,500)과 ₩6,400을 비교하여 손상인식 대상금액 ₩5,600을 산출한다.

■ 손상인식 대상금액 ₩5,600에 대해서 재평가잉여금 ₩4,500이 계상되어 있기 때문에 그 금액만큼 재평가잉여금을 감소시켜 손실을 흡수할 수 있도록 기타포괄손익으로 처리하고 나머지 금액에 대해서는 손상차손을 당기비용으로 인식한다.

2×02년 12월 31일 손상차손의 회계처리:

(차) 손상차손(당기손익)	1,100	(대) 손상차손누계액	5,600
재평가손실(기타포괄손익)*	4,500		

* 재평가손실(기타포괄손익)로 인식한 ₩4,500은 다음과 같이 마감분개를 통하여 재평가잉여금이 차감되도록 한다. 결과적으로 재평가잉여금 잔액은 ₩0(=4,500−4,500)이 된다.

(차) 재평가잉여금 (기타포괄손익누계액)	4,500	(대) 재평가손실 (기타포괄손익)	4,500

2×03년 12월 31일의 회계처리:

(차) 감가상각비	800*	(대) 감가상각누계액	800

* 손상차손 인식후의 새로운 장부금액 ₩6,400을 기준으로 잔존 내용연수 8년에 걸쳐 감가상각비를 계상하면 연간 감가상각비는 (6,400−0)÷8년=₩800이다.

[물음 2] 4차년도말 결산시점에서 감액된 유형자산의 회수가능가액이 ₩7,000으로 회복된 경우의 회계처리를 하시오.

| 풀이 |

재평가모형을 적용하고 있으므로 회복의 상한선은 없는 대신 종전에 당기손익으로 인식한 손상차손 금액까지는 손상차손환입(당기손익)으로, 이를 초과하는 부분은 또 다시 재평가이익(기타포괄손익)으로 처리한다.

■ 감가상각비를 먼저 계상한 다음 장부금액을 산출한다.

2×04년 12월 31일의 회계처리:

(차) 감가상각비	800	(대) 감가상각누계액	800

따라서 2×04년 12월 31일의 장부금액은 ₩4,800(= 5,600 − 800)이 된다.

■ 평가증시켜야 할 금액 ₩2,200(= 7,000 − 4,800) 중 종전에 당기손익으로 인식된 손상차손 ₩1,100만큼은 손상차손환입으로 처리하고, 나머지 금액은 재평가이익으로 처리한다.

(차) 손상차손누계액	2,200	(대) 손상차손환입(당기손익)	1,100
		재평가이익(기타포괄손익)	1,100

◉ 유형자산처분손익의 계산과 현재가치

예제 3 처분대가를 장기에 걸쳐 수취하기로 한 경우

클린(주)는 2×07년 1월 1일에 장부가액 2억원의 토지를 블루(주)에 3억원에 매각하였다. 단, 매각과 동시에 매각대금으로 2억원을 받았으며, 잔금은 2×07년 12월 31일과 2×08년 12월 31일에 5천만원씩 분할하여 받기로 하였다. 토지매각일 현재 시장이자율은 10%이다(단위: 천원).

[물음] 2×07년 및 2×08년 12월 31일 매각대금 5천만원을 회수한 경우의 회계처리를 하시오. 단, 10% 이자율에 대한 현재가치 할인요소는 다음과 같다.

기간	10%
1	0.9091
2	0.8264

| 풀이 |

2×07년 1월 1일의 회계처리

- 유형자산의 처분으로 받은 대가를 현재가치로 할인한 금액:
  ₩200,000 + ₩50,000 × 1.7355(= 0.9091 + 0.8264) = ₩286,775
- 처분한 유형자산의 장부금액: ₩200,000
  따라서 2×07년에 인식할 유형자산처분이익은 ₩286,775 − ₩200,000 = ₩86,775

(차)			(대)		
(차)	현　금	200,000	(대)	토 지	200,000
	장기미수금	100,000		유형자산처분이익	86,775
				현재가치할인차금	13,225

2×07년 12월 31의 회계처리

(차)			(대)		
(차)	현　금	50,000	(대)	장기미수금	50,000
	현재가치할인차금	8,678		이자수익	8,678*
	단기미수금**	50,000		장기미수금	50,000

* 받지 못한 매각대금의 현재가치에 해당하는 ₩86,775을 ₩50,000씩 2년에 걸쳐 나누어 받는 경우 여기에 내재된 이자수익을 계산하면 ₩86,775 × 10% = ₩8,678

** 결산일로부터 1년 내에 회수될 예정이므로 장기미수금에서 단기미수금(유동자산)으로 대체

2×08년 12월 31의 회계처리

(차)			(대)		
(차)	현　금	50,000	(대)	단기미수금	50,000
	현재가치할인차금	4,547		이자수익	4,547*

* 2×08년 1월 1일 미수금의 장부금액 × 10%
= {50,000 − (현재가치할인차금 잔액 4,547(= 13,225 − 8,678)} × 10% = ₩4,547(끝자리수조정)

모범답안

1 체감잔액법에 의한 감가상각방법에 대한 다음의 내용 중 적절하지 않은 부분을 지적하고, 올바른 내용이 무엇인지 설명해보시오.

(1) 정률법, 이중체감법, 생산량비례법과 연수합계법은 체감잔액법에 속하는 감가상각 방법이다.

> 생산량비례법은 사용시간 또는 가동시간비례법에 속하는 감가상각방법이다.

(2) 수선유지비를 고려하는 경우 총비용의 관점에서 체감잔액법이 정액법보다 더 수익·비용대응에 적합하다.

(3) 체감잔액법에 따라 상각할 때 내용연수 초기의 상각 금액은 후기의 금액에 비해 적은 것이 일반적이다.

> 체감잔액법에 따라 상각할 때 초기의 상각 금액은 후기의 금액에 비해 큰 것이 일반적이다.

(4) 정액법과는 달리 체감잔액법은 원가배분이 아니라 자산평가의 과정을 반영하는 감가상각방법이다.

> 감가상각 회계는 자산평가의 과정이 아니라 기본적으로 원가배분을 위한 것이다.

2 유형자산의 손상차손에 관한 다음의 설명이 타당한지 판단하고, 올바른 내용이 무엇인지 토의해보시오.

(1) 매 회계연도의 재무상태표일에 유형자산 손상의 징후가 있는지 검토하여 손상차손 적용 여부를 결정하여야 한다.

(2) 손상적용 후 공정가치가 회복되는 경우 손상차손누계액을 초과하여 당기이익으로 손상차손의 환입이 가능하다.

> 손상차손누계액을 한도로 손상차손의 환입(기타수익으로 인식)이 가능하며, 한도를 초과한 금액은 재평가모형을 선택한 경우 기타포괄손익으로 인식한다.

(3) 손상차손의 적용은 공정가치 평가를 반영하려는 중요한 회계기준의 하나로 볼 수 있다.

(4) 손상 여부를 평가하는 경우 회수가능액은 순공정가치와 사용가치를 비교하여 더 큰 금액을 기준으로 한다.

3 국 · 공채 매입에 따른 취득원가결정과 감가상각대상금액

(차)	중장비	12,500,000	(대) 현 금	12,500,000
	중장비	62,325	현 금	500,000
	공채(금융자산)*	437,675		

*공채의 공정가치 = ₩500,000 × 0.751 + ₩25,000 × 2.487 = ₩437,675(액면금액과의 차이 ₩62,325을 유형자산의 취득원가에 가산하여야 한다)

중장비의 장부금액 = ₩12,562,325

20×9년 12월 31일 계상될 감가상각비 = (₩12,562,325 − ₩562,325) × $\frac{4}{15}$ = ₩3,200,000

4 연수합계법에 의한 감가상각비 계산

5년간의 회계처리(매 연도말)

(차)	감가상각비	600,000	(대) 감가상각누계액	600,000

정액법에 의한 감가상각비: 감가상각대상금액 ₩7,000,000 − ₩1,000,000(잔존가치) = ₩6,000,000

연간 감가상각비: ₩6,000,000/10 = ₩600,000

■ 제6차년도

(차)	감가상각비	1,000,000	(대) 감가상각누계액	1,000,000

감가상각비 = (취득원가 − 감가상각누계액 − 잔존가치) × 5/15

= (₩7,000,000 − ₩3,000,000 − ₩1,000,000) × 5/15 = ₩1,000,000

*회계추정의 변경은 전진적으로 처리한다.

5 감가상각과 유형자산처분손익

매각대금 − (취득원가 − 감가상각누계액) = 유형자산처분이익

상각률은 1차년도 4/10, 2차년도 3/10. 따라서 2차년도까지의 감가상각누계액은 7/10에 해당한다.

따라서 매각대금(₩380,000) − {취득원가 − 감가상각누계액(감가상각대상금액×7/10)} = ₩80,000

여기에서 잔존가액은 ₩0이므로 감가상각대상금액은 취득원가와 동일하므로, 취득원가를 계산하면 ₩1,000,000

6 자산재평가와 감가상각회계

[물음 1] 재평가회계처리

2×12년 1월 1일

(차)	감가상각누계액	500,000	(대) 기계장치재평가이익*	2,700,000
	기계장치	2,200,000	(기타포괄손익)	

* 재평가이익은 마감분개를 통하여 자본의 기타포괄손익누계액의 재평가잉여금으로 대체된다.

** ₩7,200,000(공정가치) − ₩4,500,000(장부금액) = ₩2,700,000

부분 재무상태표

기계장치	₩7,200,000	재평가잉여금 (기타포괄손익누계액)	₩2,700,000

[물음 2] 감가상각비

2×12년 12월 31일

(차) 감가상각비*	800,000	(대) 감가상각누계액	800,000

*감가상각비: ₩7,200,000/9년 = ₩800,000

7 재평가한 자산의 손상차손인식과 회복

[물음 1] 손상차손인식

2×12년 12월 31일

(차)	재평가잉여금	2,700,000	(대)	손상차손누계액	3,200,000
	유형자산손상차손 (당기손익)	500,000			

부분 재무상태표

기계장치	₩7,200,000	
감가상각누계액	(800,000)	
손상차손누계액	(3,200,000)	
	₩3,200,000	

[물음 2] 감가상각비인식

2×13년 12월 31일

(차)	감가상각비	400,000*	(대)	감가상각누계액	400,000

*손상차손인식후 장부금액 ₩3,200,000/잔존 내용연수(8년) = ₩400,000

[물음 3] 손상차손환입

2×14년 12월 31일

(차)	감가상각비	400,000	(대)	감가상각누계액	400,000

2×14년 12월 31일

(차)	손상차손누계액**	1,200,000	(대)	손상차손환입 (당기손익)	500,000
				재평가이익 (기타포괄손익)	700,000

* 장부금액: ₩2,400,000, 회수가능액: ₩3,600,000, 한도: ₩4,800,000(정상적으로 감가상각하여 왔을 경우의 장부금액: ₩7,200,000 − ₩800,000 × 3년)

** 회수가능액(₩3,600,000) − 장부금액(₩2,400,000) = ₩1,200,000　이 중에서 과거 회계연도에 손상차손(당기손익)으로 인식한 ₩500,000에 대해서는 손상차손환입(당기손익)으로 처리하고, 나머지 ₩700,000에 대해서는 재평가이익(기타포괄손익)으로 처리한다.

부분 재무상태표

기계장치	₩7,200,000	재평가잉여금	₩700,000
감가상각누계액	(1,600,000)	(기타포괄손익누계액)	
손상차손누계액	(2,000,000)		
	₩3,600,000		

8 재무분석가의 관점에서 감가상각비의 조정

[물음 1]

[2×07년 1월 1일 현재 Lufthansa 항공기의 평균 내용연수]

₩20,000 × (1 − 0.15) = ₩17,000(감가상각대상금액)

₩8,500(감가상각누계액)/₩17,000(감가상각대상금액) = 0.5

따라서 전체 내용연수의 50%가 경과했으므로 12년 × 0.5 = 6년

[물음 2]

₩20,000 × (1 − 0.1)/20년 = ₩900

*취득원가의 10%를 차감하여 감가상각대상금액을 산출한 다음 AK가 적용한 내용연수인 20년으로 나누어 연간 감가상각비계산

₩900 × 6년 = ₩5,400

[물음 3]

현재의 장부금액은 ₩11,500(= ₩20,000 − ₩8,500)

AK가 선택한 회계처리에 의한 장부금액은 ₩14,600(= ₩20,000 − ₩5,400)

따라서 ₩3,100(= 14,600 − 11,500)만큼 증가된다.

[물음 4]

기존 보유항공기에 대한 감가상각비: ₩20,000 × (1 − 0.10)/20년 = ₩900

신규취득 항공기에 대한 감가상각비: ₩1,200 × 1/2(연간 평균적으로 취득한 것을 가정하였으므로) × (1 − 0.1)/20년 = ₩27

따라서 감가상각비 총액은 ₩927으로 조정되어야 할 것으로 추정된다.

9 유형자산제거손실

[물음 1] 교체된 펌프의 감가상각누계액과 장부금액의 추정

- 감가상각누계액: (18,000÷10년)×7년＝₩12,600
- 장부금액의 추정: ₩18,000－₩12,600＝₩5,400(미상각잔액)

[물음 2] 유형자산제거손실

순매각금액(₩1,700＝순매각가액 ₩2,000－매각부대비용 ₩300)－제거된 부분의 장부금액(₩5,400)＝₩3,700(유형자산제거손실)

[물음 3] 교체된 부분의 제거에 따른 회계처리

(차)	기계장치(교체한 펌프)	20,000	(대)	현　금	20,000
	유형자산(펌프)제거손실	3,700		기계장치(고장난 펌프)	18,000
	감가상각누계액	12,600			
	현　금(순매각금액 수취)	1,700			

제7장 무형자산

심화학습

◉ 무형자산의 후속재평가 및 처분과 관련된 회계처리

예제 1 재평가잉여금이 계상되어 있는 무형자산의 후속 재평가의 회계처리

블루통상(주)가 2×02년 1월에 9억원으로 재평가한 수출쿼터(잔여내용연수는 3년)에 대한 수익성 전망이 하락하면서, 2×02년 12월 결산시점에서의 공정가치는 5억원으로 하락하였다고 한다. 이후 2×03년 1월에 이 수출쿼터를 3억원에 처분하였다. 단, 재평가잉여금을 이익잉여금으로 대체하지 않는 경우를 가정한다.

[물음 1] 2×02년 12월 결산시점에서 이 수출쿼터의 상각과 관련된 회계처리를 하시오.

[물음 2] 2×02년 결산시점에서 공정가치 하락에 따른 재평가의 회계처리를 하시오.

[물음 3] 2×03년 1월 이 수출쿼터를 처분한 경우의 회계처리를 하시오.

| 풀이 |

1. (차) 무형자산상각비 3억원 (대) 무형자산(수출쿼터)* 3억원

* 9억원÷3년(잔여 내용연수)=3억원

2. 재평가전 장부금액(6억원: 9억원−상각누계액 3억원)−재평가액(5억원)=재평가손실 1억원이 발생하였으나, 과거에 재평가이익이 발생한 이력이 있기 때문에 기타포괄손익으로 자산재평가손실을 인식하고 마감분개를 통하여 기존에 인식하였던 재평가잉여금을 차감하면 된다.

(차) 자산재평가손실 (기타포괄손익)*	1억원	(대) 무형자산(수출쿼터)	1억원

* 마감분개를 통하여 자산재평가손실을 기타포괄손익누계액의 자산재평가잉여금에서 차감한 결과 자산재평가잉여금 잔액은 5억원(6억원−1억원)이 남아 있을 것이다.

3. 무형자산으로 계상된 수출쿼터의 양도 전 장부금액은 5억원이므로 3억원에 처분하는 경우 처분손실은 2억원이 계상된다. 이때 재평가잉여금을 이익잉여금으로 대체하는 회계처리를 해왔든 아니든 처분손익에 영향을 미쳐서는 안 된다. 다만 재평가잉여금을 이익잉여금으로 대체하지 않은 경우에는 별도의 회계처리를 하지 않게 되므로 재평가잉여금은 재무상태표의 기타포괄손익누계액에 그대로 남아 있게 된다.

(차) 현　　　금	3억원	(대) 무형자산(수출쿼터)	5억원
무형자산처분손실	2억원		

* 별도의 회계처리를 하지 않으므로 재무상태표의 기타포괄손익누계액에 재평가잉여금 5억원이 그대로 남아 있다.

이제 앞의 [예제]를 통해 학습한 내용에 추가하여 재평가한 무형자산을 상각하는 경우 재평가로 증가되는 상각비만큼 재평가잉여금을 이익잉여금으로 대체하고, 처분시에도 남아 있는 재평가잉여금을 이익잉여금으로 대체하는 회계처리를 다음의 [예제]에서 살펴보도록 하자.

예제 2 재평가잉여금을 이익잉여금으로 대체하는 경우의 회계처리

블루통상(주)가 2×02년 1월에 9억원으로 재평가한 수출쿼터(잔여내용연수는 3년)에 대한 수익성 전망이 하락하면서, 2×02년 12월 결산시점에서의 공정가치는 5억원으로 하락하였다고 한다. 이후 2×03년 1월에 이 수출쿼터를 3억원에 처분하였다. 단, 자산재평가잉여금을 이익잉여금으로 대체하는 경우를 가정한다.

[물음 1] 2×02년 12월 결산시점에서 이 수출쿼터의 상각에 대한 회계처리를 하시오.
[물음 2] 2×02년 결산시점에서 공정가치 하락에 따른 재평가의 회계처리를 하시오.
[물음 3] 2×03년 1월 이 수출쿼터를 처분한 경우의 회계처리를 하시오.

| 풀이 |

1. (차) 무형자산상각비 3억원 (대) 무형자산(수출쿼터)* 3억원

   * 9억원÷3년(잔여 내용연수)=3억원

   재평가를 하지 않았더라면 연간 1억원의 무형자산의 상각비를 계상할 수 있으나(=4억원÷4년), 재평가를 통해 3억원으로 상각비가 증가되면 그 차액인 2억원 범위 내에서 자산재평가잉여금을 이익잉여금으로 대체할 수 있다. 따라서

   (차) 자산재평가잉여금 2억원 (대) 이익잉여금 2억원

2. 재평가전 장부금액(6억원: 9억원－상각누계액 3억원)－재평가액(5억원)=재평가손실 1억원이 발생하였으나, 과거에 재평가이익이 발생한 이력이 있기 때문에 기타포괄손익으로 자산재평가손실을 인식하고 마감분개를 통하여 기존에 인식하였던 재평가잉여금을 차감하면 된다.

   (차) 자산재평가손실 1억원 (대) 무형자산(수출쿼터) 1억원
   (기타포괄손익)*

   * 마감분개를 통하여 자산재평가손실을 기타포괄손익누계액의 자산재평가잉여금에서 차감한 결과 자산재평가잉여금 잔액은 3억원(=6억원－2억원－1억원)이 될 것이다.

3. 무형자산으로 계상된 수출쿼터의 양도 전 장부금액은 5억원이므로 3억원에 처분하는 경우 처분손실은 2억원이 계상된다. 이때 재평가잉여금은 당기손익으로 재분류조정하지 않기 때문에 처분손익에 영향을 미치지 않는다. 그리고 남아 있는 재평가잉여금 잔액은 이익잉여금으로 대체할 수 있다.

(차) 현 금	3억원	(대) 무형자산(수출쿼터)	5억원
무형자산처분손실	2억원	이익잉여금	3억원
자산재평가잉여금	3억원*		

* 남아 있는 3억원(=6억원−2억원−1억원)의 재평가잉여금을 전액 대체

모범답안

1 무형자산의 범위

(1) 저작권: ₩1,200,000

(3) M&A과정에서 취득한 자산의 공정가치를 초과하여 지급한 금액: ₩12,000,000

(4) 상표권: ₩2,300,000

(5) 컴퓨터소프트웨어: ₩10,000,000

따라서 무형자산으로 기록해야 할 금액은 ₩25,500,000(여기에서 임차권리금은 무형자산, 임차보증금은 투자와 기타자산으로 보고한다)

2 개발비의 인식

[물음 1] 신제품 개발 설계비 ₩1,500,000+개발비 ₩2,400,000=₩3,900,000

[물음 2] 개발비상각액

$$₩1,500,000 \times \frac{1}{5} \times \frac{4}{12} + 2,400,000 \times \frac{1}{5} \times \frac{2}{12} = ₩180,000$$

3 무형자산으로 인식하는 개발비의 추정

[물음 1]

2×09년: ₩360 → 2×09년(반년분상각), 2×10년, 2×11년, 2×12년(반년분상각), 2×13년초 상각완료

2×10년: ₩420 → 2×10년, 2×11년, 2×12년, 2×13년말 상각완료

2×11년: ₩600 → 2×11년, 2×12년, 2×13년(2+1/2년분 상각후 잔액): ₩100

2×12년: ₩540 → 2×12년, 2×13년(1+1/2년분 상각후 잔액): ₩270

2×13년: ₩480 → 2×13년(1/2년분 상각후 잔액): ₩400

따라서 무형자산으로 계상될 개발비 잔액은 ₩770(=100+270+400)

[물음 2]

2×09년: ₩360 → 2×09년, 2×10년, 2×11년, 2×12년, 2×13년초 상각완료

2×10년: ₩420 → 2×10년(1/2년분 상각), 2×11년, 2×12년, 2×13년(1/2년분 상각): ₩70

2×11년: ₩600 → 2×11년, 2×12년, 2×13년(1년분 전액상각): ₩200

2×12년: ₩540 → 2×12년, 2×13년(1년분 전액상각): ₩180

2×13년: ₩480 → 2×13년(1/2년분 상각): ₩80

따라서 개발비 상각비 합계는 ₩530(=70+200+180+80)

4 영업권의 인식과 회계처리

사업결합 관련거래를 회계처리하면 다음과 같다.

(차)	현 금	1,600	(대)	유동부채	4,800
	매출채권	3,200		비유동부채	6,400
	재고자산	4,800		자본금	20,000(마켓컬리의 주식발행)
	유형자산	14,400		주식발행초과금	5,000(마켓컬리의 주식발행)
	영 업 권	12,200			

따라서 80% 상당의 순자산 공정가치(₩12,800)와 지급한 대가(마켓컬리 주식의 공정가치 ₩25,000)를 초과하는 금액(₩12,200)을 영업권으로 인식한다.

5 개발비와 특허권의 회계처리

[물음 1]

2×00년 6월 30일 계상되었을 ₩400,000의 개발비 중 2×00년 12월 31일 6개월분이 상각되어야 하므로,

(차)	개발비상각비	40,000	(대)	개발비	40,000

[물음 2]

2×01년 7월 1일에 특허를 취득한 시점의 개발비 잔액은 ₩320,000(=₩400,000에서 2×00년 6월 30일부터 2×01년 6월 30일까지 1년분 상각비 ₩80,000을 차감)이며, 이를 특허출원에 소요된 직접비용과 함께 특허권의 취득원가로 계상하지는 않는다. 즉, 내부창출 활동에 의해 취득한 특허권의 취득원가는 특허출원에 소요된 직접비용으로 해야 한다.

(차)	특허권	50,000	(대)	현금 또는 미지급비용	50,000
	특허권상각비	2,500		특허권*	2,500

* 특허권에서 상각비를 직접 차감하는 직접법 또는 상각누계액 계정을 이용하는 간접법 모두 가능하며, 6개월분 ₩2,500을 상각한다.

6 특허권의 인식과 취득원가

이 기술에 대한 특허를 출원하기 위해 법적비용과 수수료 등 수속비용에 소요된 금액인 ₩30,000,000을 무형자산으로 인식한다.

7 특허권의 상각과 재평가

2×11년 12월 31일 회계처리

특허권상각

(차)	특허권상각비	3,000	(대) 무형자산(특허권)	3,000

재평가

(차)	특허권	9,000	(대) 재평가이익(기타포괄손익)*	9,000

* 마감분개를 통하여 재무상태표 자본의 기타포괄손익누계액의 재평가잉여금에 반영된다. 여기에서 특허권상각후 장부금액 ₩24,000(=₩30,000−₩3,000×2년)이 공정가치인 ₩33,000으로 상승되었기 때문에 재평가이익은 ₩9,000이다.

제8장 금융상품 및 금융자산

심화학습

◉ 파생상품계약과 파생삼품이 아닌 계약

(1) 자기지분상품으로 결제하지만 파생상품이 아닌 계약

■ 변동가능한 수량의 자기지분상품(계약당자자 기업의 자기주식, 신주인수권 등)으로 상대방에게 결제하는 상품

금융상품에는 계약상 확정된 의무의 금액에 대해 자기지분상품, 즉 자기회사의 주식이나 자기회사의 주식을 인수할 수 있는 신주인수권 등을 결제수단으로 사용하여 지급하는 계약이 있을 수 있다. 예를 들어, LG전자가 3년후에 ₩1,000,000에 해당하는 수량의 자기주식을 인도하기로 하는 계약을 생각해보기로 하자. 만기시점에서 발행자(LG전자)의 의무는 ₩1,000,000을 지급하는 것인데 지급수단이 주식이므로 발행될 주식의 수량은 그 시점의 주식가격에 따라 변동하게 된다.

해당 상품의 보유자(즉, 투자자)는 계약대가로 지급한 금액을 당연히 금융자산으로 기록하게 될 것이다. 발행자의 경우는 미래에 주식을 발행할 의무가 있기는 하지만 기본적으로 확정된 금액의 의무를 지는 계약이므로 발행시점에는 금융부채로 기록하게 된다. 이를 분개로 표시하면 다음과 같다.

■ 보유자(투자자)	(차) 금융자산	1,000,000	(대) 현금	1,000,000
■ 발행자	(차) 현금	1,000,000	(대) 금융부채	1,000,000

이때 만기시점에 발행자가 회계처리할 내용은 어떻게 될까? 발행자는 만기시점에 주식을 발행하게 되므로 발행시점에 인식했던 금융부채가 없어지면서 주식의 발행을 자본으로 기록하게 될 것이다. 즉 부채의 상환을 현금으로 하는 것이 아니라 주식으로 하는 것이다.

■ 확정된 수량의 자기지분상품(계약당사자 기업의 자기주식, 신주인수권 등)을 상대방에게 결제하기로 약정된 상품계약

이러한 상품계약은 앞에 설명한 경우와 반대로 결제될 자기지분상품의 수량이 확정되어 있다. 즉, LG전자가 3년후에 10,000주의 자기지분상품을 인도하기로 하는 계약을 하나의 금융상품으로 설계하여 판매하였을 경우를 생각해보자. 만기시점에서 LG전자의 의무는 확정된 금액을 지급하는 것이 아니라 확정수량의 주식을 지급하는 것이다. 따라서, 발행자의 경우 발행시점에도 해당 상품계약을 자본으로 기록하여야 한다. 이 상품의 보유자(투자자)는 계약시 지급한 대가에 해당하는 금액을 당연히 금융자산으로 기록하게 될 것이다.

(2) 자기지분상품(계약당사자 기업의 자기주식, 신주인수권 등)으로 결제하는 파생상품계약

■ 확정 수량의 자기지분상품에 대하여 **확정 금액**의 현금 등 금융자산을 교환하여 결제하는 방법이 **아닌** 방법으로 결제받는 상품

이러한 파생상품계약을 쉽게 이해하기 위하여 예를 들어보자. 가령 삼성전기가 3년후 10주의 LG전자의 주식을 인수받기로 하고, 그 대신 ₩300,000×(3년후 코스피지수/현재의 코스피지수)에 해당하는 금액으로 결제하기로 한 계약을 살펴보도록 하자. 과연 이 거래가 10주의 LG전자의 주식을 ₩300,000의 확정된 금액으로 결제하는 조건인가? 아니라면 이는 파생상품계약에 해당한다. 이때 LG전자가 대가를 수취하고 이러한 파생상품을 발행한 것이므로 LG전자는 수취한 대가에 해당하는 금액을 금융부채로 인식한다. 이 경우 보유자인 삼성전기는 이러한 파생상품계약에 투자하려고 대가를 지급한 것이므로 이를 금융자산으로 기록한다.

저자의 Tip 이때 코스피지수가 하락하거나 그 상승률이 이자율보다 낮다면 삼성전기는 LG전자의 주식을 유리한 조건으로 매입하게 되는 것이므로, 계약당시 지급한 대가로 표시된 금융자산의 가치는 파생상품평가이익으로 인하여 최초취득시점보다 높아지게 될 것이다. 상대방인 LG전자는 불리한 조건으로 주식을 인도해 주게 되므로, 불리해진 만큼 파생상품평가손실과 이에 상응하는 금융부채를 추가로 인식하게 된다. 물론 반대의 경우에는 금융자산의 가치가 하락하거나 금융부채의 금액이 줄어들 것이다.

◉ 금융자산의 손상회계처리

(1) 당기손익금융자산

공정가치로 평가하고 평가손익을 당기손익으로 인식하므로 손상차손의 회계처리를 적

용한 것과 동일한 결과가 되므로 별도로 손상차손의 회계처리를 적용하지 않는다.

(2) 채무증권에 속하는 기타포괄손익금융자산

지난 회계연도말에 기타포괄손익금융자산평가손익을 기타포괄손익으로 인식하였을 것이므로 당기비용으로 인식하는 손상차손에는 그 금액만큼을 조정하여야 한다. 예를 들면 손상차손금액이 ₩400,000(=장부금액 ₩1,000,000 - 회수가능액 ₩600,000)이며, 지난 회계연도말에 계상된 기타포괄손익금융자산평가손실이 ₩100,000이라면 ₩500,000의 손상차손을 인식한다. 반대로 기타포괄손익금융자산평가이익이 ₩100,000이라면 ₩300,000의 손상차손을 인식한다. 이는 재평가모형이 적용되는 유형자산이나 무형자산에 대한 손상차손의 회계처리 논리와 동일하다. 그리고 손상을 인식한 기타포괄손익금융자산의 회수가능액이 회복된 경우에도 손상차손으로 인식된 금액의 범위 내에서는 당기이익으로 회복시켜주고, 이를 초과하게 되면 초과되는 부분은 다시 기타포괄손익금융자산평가이익(기타포괄손익)으로 인식한다.

■ 기타포괄손익금융자산평가손실(₩100,000)이 계상된 이력이 있는 경우의 손상차손

(차) 손상차손	500,000	(대) 기타포괄손익금융자산	400,000
		기타포괄손익금융자산평가손익 (기타포괄손익누계액)	100,000

■ 기타포괄손익금융자산평가이익(₩100,000)이 계상된 이력이 있는 경우의 손상차손

(차) 손상차손	300,000	(대) 기타포괄손익금융자산	400,000
기타포괄손익금융자산평가손익 (기타포괄손익누계액)	100,000		

(3) 지분증권에 속하는 기타포괄손익금융자산

기본적으로 채무증권에 속하는 기타포괄손익금융자산의 손상회계처리와 동일하다. 다만, 회복시에는 기타포괄손익금융자산평가이익(기타포괄손익)으로 인식한다는 점과, 일부 지분증권(공정가치를 구할 수 없어 원가를 장부금액으로 하는)에 대해서는 회복을 인정하지 않는다는 점이 다르다.

(4) 상각후원가금융자산

원가모형을 적용한 유형자산의 손상차손의 회계처리와 유사하다. 따라서 손상차손 금액 ₩400,000(=장부금액 ₩1,000,000 - 회수가능액 ₩600,000)을 당기비용으로 인식한다. 회수가능액이 회복된 경우에는 손상차손을 인식하지 않고, 정상적으로 회계처리해온 경우 계상되었을 상각후원가(유・무형자산의 경우라면 원가모형하에서 손상차손을 인식하지 않고 정상적으로 감가상각하여 왔더라면 계상되었을 장부금액)를 한도로 당기이익으로 회복시켜준다.

(5) 대여금 및 수취채권

비유동자산으로 분류된 대여금 및 수취채권의 손상과 회복은 상각후원가금융자산과 기본적으로 동일하다. 다만, 유동자산으로 분류된 대여금과 수취채권에 대해서는 손상의 회계처리 대신 회수가능액을 추정하여 손실충당금과 손상차손의 회계처리를 적용한다.

모범답안

1 주식의 취득 및 처분

	당기손익금융자산	기타포괄손익금융자산
2×08년 취득	(차) 당기손익금융자산 100,000 (대) 현 금 100,000	(차) 기타포괄손익금융자산 100,000 (대) 현 금 100,000
2×08년말	(차) 당기손익금융자산 10,000 (대) 당기손익금융자산평가이익 10,000	(차) 기타포괄손익금융자산 10,000 (대) 기타포괄손익금융자산평가이익 10,000
2×09년말	(차) 당기손익금융자산평가손실 20,000 (대) 당기손익금융자산 20,000	(차) 기타포괄손익금융자산평가손실 20,000 (대) 기타포괄손익금융자산 20,000
2×10년 처분	(차) 현 금 120,000 (대) 당기손익금융자산 90,000 당기손익금융자산처분이익 30,000 (당기손익)	(차) 기타포괄손익금융자산 30,000 현 금 120,000* 기타포괄손익금융자산평가손익* 20,000 (기타포괄손익누계액) (대) 기타포괄손익금융자산평가이익 30,000 기타포괄손익금융자산 120,000 이익잉여금 20,000

* 2×08년의 평가이익 ₩10,000과 2×09년의 평가손실 ₩20,000 및 2×10년 처분시점의 평가이익 ₩30,000이 누적되어 자본의 기타포괄손익누계액 중 기타포괄손익금융자산평가손익 과목에 계상되어 있는 ₩20,000의 잔액을 의미한다. 주식 등의 지분증권을 처분하는 시점에서는 이 잔액을 재분류조정을 통하여 처분손익에 영향을 미치도록 해서는 안 되며, 이익잉여금으로 대체하거나 그대로 기타포괄손익누계액으로 남겨둘 수 있다.

2 채권의 취득 및 처분

[물음 1]

■ 채권 취득금액(공정가치)의 계산

• 3년후 만기에 받을 단일금액의 현재가치

₩100,000 × 0.7938 = ₩79,380

• 매년말 받는 이자의 현재가치

액면이자의 계산 ₩100,000 × 5% = ₩5,000

연금의 현재가치 ₩5,000 × 2.5771 = ₩12,885

• 취득금액 ₩79,380 + ₩12,885 = ₩92,265

■ 유효이자율법에 의한 상각표

연도	유효이자	액면이자	상각액	순장부금액
2×08년 1월 1일				₩92,265
2×08년 12월 31일	₩7,381*	₩5,000	₩2,381	94,646
2×09년 12월 31일	7,572**	5,000	2,572	97,218
2×10년 12월 31일	7,782***	5,000	2,782	100,000

* ₩92,265 × 8% = ₩7,381

** ₩94,646 × 8% = ₩7,572

*** ₩97,218 × 8% = ₩7,782

[물음 2] 당기손익금융자산으로 분류한 경우

2×08년 1월 1일 취득

(차) 당기손익금융자산 92,265 (대) 현 금 92,265

2×08년 12월 31일

(차) 현 금 5,000 (대) 이자수익 5,000

(차) 당기손익금융자산 4,115 (대) 당기손익금융자산평가이익 4,115*

* ₩96,380 − ₩92,265 = ₩4,115

2×09년 12월 31일

(차) 현 금 5,000 (대) 이자수익 5,000

(차) 당기손익금융자산 1,753 (대) 당기손익금융자산평가이익 1,753*

* ₩98,133 − ₩96,380 = ₩1,753

2×10년초

(차) 현 금 98,500 (대) 당기손익금융자산 98,133

당기손익금융자산처분이익 367

[물음 3] 기타포괄손익금융자산으로 분류한 경우

2×08년 1월 1일 취득

(차)	기타포괄손익금융자산	92,265	(대) 현 금	92,265

2×08년 12월 31일

(차)	현 금	5,000	(대) 이자수익	7,381
	기타포괄손익금융자산	2,381		
(차)	기타포괄손익금융자산	1,734	(대) 기타포괄손익금융자산평가이익 (기타포괄손익)	1,734*

* ₩96,380 − 장부금액 ₩94,646(= ₩92,265 + ₩2,381) = ₩1,734

2×09년 12월 31일

(차)	현 금	5,000	(대) 이자수익	7,572
	기타포괄손익금융자산	2,572		
(차)	기타포괄손익금융자산평가손실* (기타포괄손익)	819	(대) 기타포괄손익금융자산	819

* ₩98,133 − 장부금액 ₩98,952(= ₩96,380 + ₩2,572) = ₩819

2×10년초

(차)	기타포괄손익금융자산	367	(대) 기타포괄손익금융자산평가이익	367
	현 금	98,500	기타포괄손익금융자산	98,500
	기타포괄손익금융자산평가손익 (기타포괄손익누계액)	1,282*	기타포괄손익금융자산처분이익** (당기손익)	1,282

* 2×08년의 평가이익과 2×09년의 평가손실 및 2×10년 처분시점의 평가이익이 누계로 계산된 금액이며, 이는 마감분개를 통하여 자본의 기타포괄손익누계액에 계상되어 있는 기타포괄손익금융자산평가손익의 잔액이다. 즉, 평가이익 ₩1,734 − 평가손실 ₩819 + 평가이익 ₩367 = ₩1,282만큼이 기타포괄손익금융자산평가손익으로 기타포괄손익누계액 항목에 인식되어 있었을 것이다.

** 채무증권에 대한 기타포괄손익금융자산평가손익(기타포괄손익누계액)은 매도시점에서 처분손익으로 재분류조정되어 당기손익에 영향을 미친다.

[물음 4] 상각후원가금융자산으로 분류한 경우

2×08년 1월 1일 취득

(차)	상각후원가금융자산	92,265	(대) 현 금	92,265

2×08년 12월 31일

(차)	현 금	5,000	(대) 이자수익	7,381
	상각후원가금융자산	2,381		

2×09년 12월 31일

(차)	현 금	5,000	(대) 이자수익	7,572
	상각후원가금융자산	2,572		

2×10년초

(차) 현 금	98,500	(대)	상각후원가금융자산	97,218
			상각후원가금융자산처분이익 (당기손익)	1,282

3 금융자산의 회계처리와 재무제표 작성 종합연습

[물음 1] 회계처리

	차변		대변	
(1)	기타포괄손익금융자산평가손실[1)] 현 금	16,000 72,000	기타포괄손익금융자산(삼성전기주식) 기타포괄손익금융자산[2)]	16,000 72,000
(2)	현 금	96,000	당기손익금융자산(삼성물산주식) 당기손익금융자산처분이익	80,000 16,000
(3)	현 금 당기손익금융자산(신한은행채권)	1,000,000 1,700,000	이자수익 당기손익금융자산평가이익	1,000,000 1,700,000
(4)	현 금(액면 10%의 이자수취) 기타포괄손익금융자산 기타포괄손익금융자산	100,000 14,240[3)] 3,760	이자수익 기타포괄손익금융자산(삼성전자채권) 평가이익	114,240 3,760[4)]
(5)	기타포괄손익금융자산(삼성전기주식)	6,000	기타포괄손익금융자산평가이익	6,000[5)]
(6)	당기손익금융자산(삼성물산주식)	24,000	당기손익금융자산평가이익	24,000[6)]

1) (₩22,000 − ₩18,000) × 4주 = ₩16,000

2) ₩18,000 × 4주 = ₩72,000

3) ₩952,000 × 12% − ₩100,000 = ₩14,240

4) ₩970,000 − 장부금액 ₩966,240(= ₩952,000 + ₩14,240) = ₩3,760

5) (₩23,000 − ₩22,000) × 6주 = ₩6,000

6) (₩24,000 − ₩20,000) × 6주 = ₩24,000

[물음 2] 포괄손익계산서

포괄손익계산서

꽃샘투자(주) 2×14년 1월 1일 ~ 2×14년 12월 31일

비용		수익	
		당기손익금융자산처분이익	₩16,000
		당기손익금융자산평가이익	1,724,000
당기순이익	2,854,240	이자수익	1,114,240
총포괄이익	2,848,000	기타포괄손익금융자산평가이익	9,760
		기타포괄손익금융자산평가손실	(16,000)
		당기순이익	2,854,240
합 계	₩2,848,000	합 계	₩2,848,000

[물음 3] 재무상태표

재무상태표

꽃샘투자(주) 2×14년 12월 31일

자산		부채및자본	
현 금	₩2,268,000	자본금	₩9,040,000
당기손익금융자산(신한은행채권)	8,700,000	이익잉여금*	3,166,240
당기손익금융자산(삼성물산주식)	144,000	기타포괄손익누계액**	13,760
기타포괄손익금융자산(삼성전기주식)	138,000	(기타포괄손익금융자산평가손익)	
기타포괄손익금융자산(삼성전자채권)	970,000		
합 계	₩12,220,000	합 계	₩12,220,000

*기초이익잉여금(₩312,000) + 당기순이익(₩2,854,240) = ₩3,166,240

**기초포괄손익누계액(₩20,000) + 당기기타포괄손익(₩3,760 + ₩6,000 − ₩16,000) = ₩13,760

4 약속어음의 상각후원가와 회계처리

[물음 1] 판매시점의 분개와 매년말 결산수정분개

(차) 장기매출채권	1,000,000	(대) 현재가치할인차금	77,345
		매 출	922,655

판매시점의 현재가치 계산:

원금₩1,000,000 × 0.7938(3년, 8%의 단일금액 현재가치 이자요소)	=	₩793,800
이자 ₩50,000 × 2.5771(3년, 8%의 연금 현재가치 이자요소)	=	128,855
	합계	₩922,655

2×13년 12월 31일

2×13 이자수익: 922,655 × 8%

(차) 현재가치할인차금	23,813	(대) 이자수익	73,813
현 금	50,000		

2×14년 12월 31일

2×14 이자수익: (922,655 + 23,813) ×8%

(차) 현재가치할인차금	25,718	(대) 이자수익	75,718
현 금	50,000		

2×15년 12월 31일

2×15 이자수익: (922,655 +23,813 + 25,718) ×8%

(차) 현재가치할인차금	27,814*	(대) 이자수익	77,814*
현 금	50,000		

* 끝자리수조정

[물음 2] 2×15년 12월 31일의 어음의 원금회수

(차) 현　금	1,000,000	(대) 장기매출채권	1,000,000

[물음 3] 3년의 기간을 한 회계기간으로 가정한 경우 계정과목과 금액을 분개형식으로 표시

(차) 현　금	1,150,000	(대) 매　출	922,655
		이자수익	227,345

5 선불로 자산을 취득한 거래의 회계처리

[물음 1] 시점별 미래가치의 계산

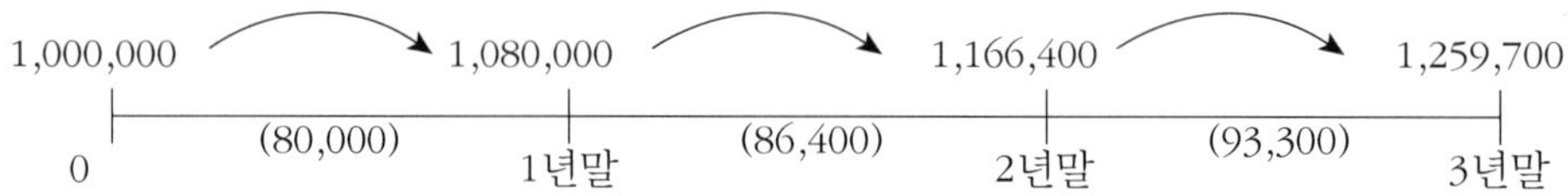

1년후 가치: 1,000,000×(1.08)=1,000,000×1.08=₩1,080,000

2년후 가치: $1,000,000\times(1.08)^2=1,000,000\times1.1664=$ ₩1,166,400

3년후 가치: $1,000,000\times(1.08)^3=1,000,000\times1.2597=$ ₩1,259,700

계약시점의 분개와 매년말 결산수정분개:

(차) 계약자산	1,000,000	(대) 현　금	1,000,000

2×13년 12월 31일

(차) 계약자산	80,000	(대) 이자수익	80,000

2×14년 12월 31일

(차) 계약자산	86,400	(대) 이자수익	86,400

2×15년 12월 31일

(차) 계약자산	93,300	(대) 이자수익	93,300

2×15년 12월 31일 자산취득

(차) 유형자산(중장비)	1,259,700	(대) 계약자산	1,259,700

[물음 2] 3년의 기간을 한 회계기간으로 가정한 경우 계정과목과 금액을 분개형식으로 표시

(차) 유형자산(중장비)	1,259,700	(대) 현　금	1,000,000
		이자수익	259,700

6 손실충당금의 회계처리

2×15년말: (차) 손상차손	2억원	(대) 손실충당금	2억원
2×16년말: (차) 손상차손	12억원	(대) 손실충당금	12억원*

* 손실충당금 설정목표액: 100억원×부도확률 20%×미회수율 70%－기 설정액(2억원)=12억원

2×17년말: (차) 손상차손	22억원	(대) 손실충당금	22억원*

* 손실충당금 설정목표액: 100억원×부도확률 60%×미회수율 60%－기 설정액(충당금잔액) 14억원=22억원

제9장 금융부채와 비금융부채

심화학습

◉ 연속상환사채의 발행

연속상환사채는 만기에 일시에 상환하는 일시상환사채와 달리 연금처럼 정해진 기간마다 같은 금액을 상환하는 사채를 말한다. 이 경우의 회계처리도 기본적인 개념은 동일하다. 즉, 유효이자율법에 따라 계산된 현재가치로 사채발행금액이 정해지고 발행후에는 시간의 경과에 따른 현재가치금액의 차이를 반영해주면 된다. 다음 예제를 통해 학습해보기로 한다.

예제 연속상환사채의 발행

세기(주)가 2×13년 1월 1일에 액면금액 ₩300,000, 매년말 액면이자 10% 지급, 3년 만기, 매년말 $\frac{1}{3}$씩 원금을 상환하는 사채를 발행하려고 한다. 시장이자율이 12%인 경우 사채의 발행금액을 계산하고 할인발행차금상각표를 작성하시오.

| 풀이 |

▪ 발행금액의 계산

이 경우는 실질적으로 각 1년, 2년, 3년의 만기를 가지는 ₩100,000의 사채 3개로 구성되어 있다고 보고 현재가치를 계산하면 된다.

1년 만기인 사채의 현재가치

원금	₩100,000×0.8929 =	₩89,290
이자	₩ 10,000×0.8929 =	₩ 8,929
합계		₩98,219

2년 만기인 사채의 현재가치

원금	₩100,000×0.7972 =	₩79,720
이자	₩ 10,000×1.6901 =	₩16,901
합계		₩96,621

3년 만기인 사채의 현재가치

원금	₩100,000×0.7118 =	₩71,180
이자	₩ 10,000×2.4018 =	₩24,018
합계		₩95,198

총합계 ₩290,038

■ 할인발행차금상각표

	이자비용 (A)	현금이자 (B)	차금상각액 (C)	차금잔액 (D)	상환전금액 (E)	사채의 장부금액 (F)
2×13년초				₩9,962		₩290,038
2×13년말	₩34,805	₩30,000	₩4,805	5,157	₩294,843	194,843
2×14년말	23,381	20,000	3,381	1,776	198,224	98,224
2×15년말	11,776	10,000	1,776	0	100,000	0

(A) = 전년도말(F) × 12%
(C) = (A) − (B)
(D) = 전년도말(D) − (C)
(E) = ₩300,000 − (D)
(F) = (E) − ₩100,000(매년 상환금액)
단, 2×13년초의 (F) = ₩300,000 − (D)

◉ 이자지급일 사이의 사채발행

예제 이자지급일 사이의 사채발행

세기(주)가 액면금액 ₩100,000, 매년말 액면이자 10% 지급, 3년 만기인 사채를 2×13년 7월 1일 발행되었고, 시장이자율이 12%인 경우 발행일 후 결산일인 2×13년 12월 31일의 회계처리를 하시오.

| 풀이 |

■ 발행금액의 계산 및 발행일의 거래에 대한 회계처리

발행금액은 해당사채의 2×13년 7월 1일 시점의 현재가치이다. 2×13년 7월 1일 시점의 현재가치의 증분은 2×13년 1월 1일의 현재가치에 유효이자율을 곱하되 기간이 6개월밖에 경과하지 않았으므로 그 1/2만 적용하면 된다. 즉,

2×13년 1월 1일의 현재가치	₩95,198
2×13년 7월 1일 시점의 현재가치증분	95,198×12%×1/2=₩5,712
2×13년 7월 1일의 현재가치, 즉 발행금액	₩100,910

■ 실제 발행후 6개월 밖에 지나지 않은 시점에 1년분에 대한 이자를 지급하게 되므로 그에 대한 가치, 즉 6개월분의 이자상당액이 반영되었기 때문이다. 발행자의 입장에서 보면 이미 지난 6개월에 대한 이자를 발행시에 투자자로부터 미리 받아두었다가 발행 6개월후 1년치 이자를 지급하게 되는 것과 같다. 즉, 발행자가 받은 총금액 ₩100,910은 액면이자율로 계산된 6개월분 경과이자 ₩5,000과 사채의 순수발행금액으로 구성되어 있다.

2×13년 7월 1일의 현재가치, 즉 발행금액	₩100,910
6개월분 경과이자	(5,000)
사채의 순수발행금액	₩95,910

- 교과서 [예제 9-12]의 경우로 설명하면 2×13년 7월 1일 시점의 사채의 현재가치는 틀림없이 ₩100,910이다. 시간이 지남에 따라 가치가 올라가다가 2×13년말에 액면이자 ₩10,000이 지급되면서 사채의 가치는 그만큼 감소하여 할인차금상각표상의 금액 ₩96,622이 된다. [예제 9-12]의 할인차금상각표를 참조하기 바란다.
- 순수발행금액은 위에서 설명한 바와 같이 이자지급일 사이의 발행시 이미 지난 기간에 대한 액면이자를 제외한 금액을 말한다. 이 경우 2×13년 7월 1일 시점의 순수발행금액 ₩95,910은 할인차금상각표상의 2×13년 1월 1일 시점의 금액 ₩95,198과 2×13년 12월 31일 시점의 금액 ₩96,622의 중간에 있는 금액이기도 하다.
- 경과이자 ₩5,000은 6개월분의 이자발생액이며, 이 미지급사채이자는 2×13년 12월 31일에 1년분 액면이자를 지급할 때 없어질 임시계정과목이라고도 할 수 있다.

- **발행일 후의 거래에 대한 회계처리**

2×13년 12월 31일의 결산수정분개는 교과서 [예제 9-12]의 경우와 마찬가지로 현재가치의 변화에 따른 실제 이자비용과 현금으로 지급되는 명목이자의 차이를 할인발행차금 상각액으로 인식하는 과정이다. 이 경우는 발행후 6개월 동안의 이자에 대해 인식하여야 하며 원래의 방법대로 계산한다면 발행후 6개월 동안의 이자는 ₩95,910×0.12×1/2=₩5,755일 것이다. 하지만 편의상 [예제 9-12]의 할인차금상각표상의 첫 1년분 이자 ₩11,424에서 6개월분 상당액인 ₩5,712으로 인식한다. 즉, 단순히 월할계산하는 방법을 사용한다는 의미이다. 명목이자 ₩10,000의 지급은 발행 당시 ₩5,000을 미리 받으면서 기록해 두었던 미지급사채이자를 상환하는 결과로 실질적인 지급액은 ₩5,000인 셈이다. 두 금액의 차액이 할인발행차금 상각액이다. 따라서 분개는 다음과 같다.

(차)	이자비용	5,712	(대)	현　금	10,000
	미지급사채이자	5,000		사채할인발행차금	712

- 사채의 장부금액은 ₩96,622이며 할인발행차금은 당연히 ₩3,378이다. 이 두 금액은 권면상 발행일에 실제 발행이 이루어진 [예제 9-12]의 경우와 동일하다. [예제 9-12]의 할인차금상각표를 참조하기 바란다. 즉, 복잡한 과정을 거쳤지만 2×13년 12월 31일 시점에는 실제 발행일에 관계없이 원래의 경우로 회귀한 셈이며 이는 생각해보면 당연한 결과이다. 2×13년 12월 31일 시점 이후로는 해당 사채에 관한 상황이 동일하기 때문이다. 따라서 2×14년 12월 31일의 결산수정 분개 및 그 이후의 분개는 [예제 9-12]의 경우와 동일하다.

모범답안

1 장기미지급금의 상각후원가와 회계처리(Ⅰ)

단일금액의 현재가치 계산: ₩1,000,000×0.7938(3년, 8% 현재가치이자요소)=₩793,800

[물음 1] 취득시점의 분개와 매년말 결산수정분개

(차)	유형자산	793,800	(대)	장기미지급금	1,000,000
	현재가치할인차금	206,200			

2×13년 12월 31일

(차)	이자비용	63,504	(대)	현재가치할인차금	63,504

2×14년 12월 31일

(차)	이자비용	68,584	(대)	현재가치할인차금	68,584

2×15년 12월 31일

(차)	이자비용	74,112*	(대)	현재가치할인차금	74,112*

* 끝자리수조정

[물음 2] 2×15년 12월 31일 원금지급

(차)	장기미지급금	1,000,000	(대)	현 금	1,000,000

[물음 3] 3년의 기간을 한 회계기간으로 가정한 경우 계정과목과 금액을 분개형식으로 표시

(차)	유형자산	793,800	(대)	현 금	1,000,000
	이자비용	206,200			

2 장기미지급금의 상각후원가와 회계처리(Ⅱ)

연금의 현재가치 계산: ₩500,000×2.5771(3년, 8% 연금의 현재가치이자요소)=₩1,288,550

[물음 1] 취득시점의 분개와 매년말 결산수정분개

(차)	유형자산(중장비)	1,288,550	(대)	장기미지급금	1,500,000
	현재가치할인차금	211,450			

2×13년 12월 31일

2×13 이자비용: 1,288,550×8%

(차)	이자비용	103,084	(대)	현재가치할인차금	103,084
	장기미지급금	500,000		현 금	500,000

2×14년 12월 31일

2×14 이자비용: (1,288,550+103,084−500,000)×8%

(차)	이자비용	71,331	(대)	현재가치할인차금	71,331
	장기미지급금	500,000		현 금	500,000

2×15년 12월 31일

2×15 이자비용: (1,288,550＋103,084＋71,331－500,000－500,000)×8%

(차)	이자비용	37,035*	(대)	현재가치할인차금	37,035*
	장기미지급금	500,000		현　금	500,000

* 끝자리수조정

[물음 2] 3년의 기간을 한 회계기간으로 가정한 경우 계정과목과 금액을 분개형식으로 표시

(차)	유형자산(중장비)	1,288,550	(대)	현　금	1,5000,000
	이자비용	211,450			

3 계약부채의 상각후원가와 회계처리

계약시점(2×13년 1월 1일)의 분개:

(차)	현　금	1,000,000	(대)	계약부채	1,000,000

시점별 미래가치의 계산

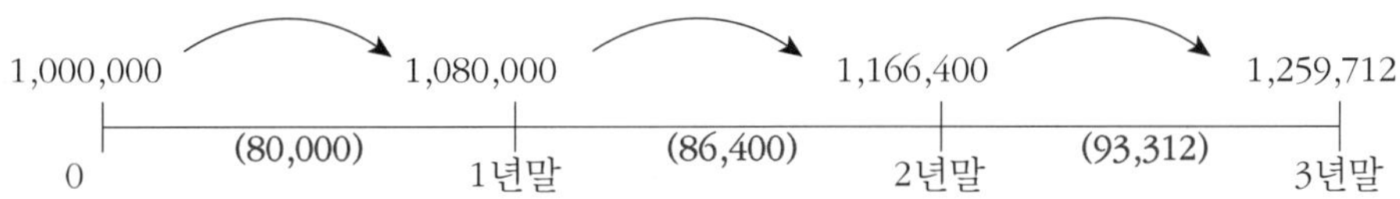

1년후 가치: 1,000,000×(1.08)＝1,000,000×1.08＝1,080,000

2년후 가치: 1,000,000×$(1.08)^2$＝1,000,000×1.1664＝1,166,400

3년후 가치: 1,000,000×$(1.08)^3$＝1,000,000×1.2597＝1,259,712

[물음 1]

2×13년 12월 31일

(차)	이자비용	80,000	(대)	계약부채	80,000

2×14년 12월 31일

(차)	이자비용	86,400	(대)	계약부채	86,400

2×15년 12월 31일

(차)	이자비용	93,312	(대)	계약부채	93,312

[물음 2] 2×15년 12월 31일 인도·판매

(차)	계약부채	1,259,712	(대)	매　출	1,259,712

[물음 3] 3년의 기간을 한 회계기간으로 가정한 경우 계정과목과 금액을 분개형식으로 표시

(차)	현　금	1,000,000	(대)	매　출	1,259,712
	이자비용	259,712			

4 사채의 발행 및 발행 이후의 회계처리

■ 사채발행금액의 계산

• 3년후 만기에 받을 단일금액의 현재가치

₩100,000×0.7938＝₩79,380

• 매년말 받는 이자의 현재가치

액면이자의 계산 ₩100,000×5%＝₩5,000

연금의 현재가치 ₩5,000×2.5771＝₩12,885

• 발행금액 ₩79,380＋₩12,885＝₩92,265

■ 할인차금상각표

할인발행의 경우로 분개에 앞서 제3장 [예제 3－6]에서 설명한 바와 같이 할인차금상각표를 만들어보면 다음과 같다.

일자/항목	이자비용 (A)	현금이자 (B)	차금상각액 (C)	할인차금잔액 (D)	순사채금액 (장부금액) (E)
2×13년 1월 1일				₩7,735	₩92,265
2×13년 12월 31일	7,381	5,000	2,381	5,354	94,646
2×14년 12월 31일	7,572	5,000	2,572	2,782	97,218
2×15년 12월 31일	₩7,782*	₩5,000	₩2,782	0	₩100,000

* 단수조정됨

이자비용(A)＝전년도말(E)×8%

차금상각액(C)＝(A)－(B)

할인발행차금잔액(D)＝전년도말(D)－(C)

사채장부금액(E)＝100,000－(D) 또는 전년도말장부금액＋차금상각액(C)

발행일(2×13년 1월 1일)의 분개

(차) 현 금	92,265	(대) 사 채	100,000
사채할인발행차금	7,735		

2×13년 12월 31일의 결산수정분개

(차) 이자비용	7,381*	(대) 현 금	5,000
* 92,265×8%		사채할인발행차금	2,381

2×14년 12월 31일의 결산수정분개

(차) 이자비용	7,572*	(대) 현 금	5,000
* (92,265＋2,381)×8%		사채할인발행차금	2,572

2×15년 12월 31일의 결산수정분개

(차)	이자비용	7,782*	(대) 현 금	5,000
	* (92,265 + 2,381 + 2,572) × 8% + 잔액조정 5		사채할인발행차금	2,782

만기시의 상환에 대한 분개

(차)	사 채	100,000	(대) 현 금	100,000

5 이자지급일 사이의 사채발행

■ 발행금액의 계산 및 발행일의 거래에 대한 분개

2×13년 1월 1일의 현재가치	₩92,265
2×13년 7월 1일 시점의 현재가치 증분	92,265 × 8% × 1/2 = 3,691
2×13년 7월 1일의 현재가치 즉, 발행금액	₩95,956
2×13년 7월 1일 시점의 미지급사채이자	5,000 × 1/2 = (2,500)
사채의 순수발행금액	₩93,456

발행일(2×13년 7월 1일)의 분개

(차)	현 금	95,956	(대) 사 채	100,000
	사채할인발행차금	6,544*	미지급사채이자	2,500

* 사채의 순수발행금액 ₩93,456과 액면금액 ₩100,000의 차액

6 수의상환사채의 상환

■ 상환시점의 사채의 장부가액의 계산

[문제 4]의 모범답안에 제시되어 있는 할인차금상각표에 따르면 다음과 같다.

액면금액	₩100,000
할인발행차금	2,782
순장부금액	₩ 97,218

■ 상환금액의 계산

1년 만기인 사채의 현금흐름을 10%의 할인율로 계산하면 다음과 같다.

원금	₩100,000 × 0.9091 = ₩90,910
이자	₩5,000 × 0.9091 = ₩ 4,546
합계	₩95,456

위 두 금액의 차이가 사채상환손익에 해당하며 상환시점의 분개는 다음과 같다.

(차)	사 채	100,000	(대) 현 금	95,456
			사채할인발행차금	2,782
			사채상환이익	1,762

7 사채의 발행 및 발행 이후의 회계처리(할증발행)

발행일(2×13년 1월 1일)의 분개

(차)	현 금*	108,165	(대) 사 채	100,000
			사채할증발행차금	8,165

* 100,000×0.8638(3기간, 5% 현재가치)+8,000×2.7232(3기간, 5% 연금의 현가이자요소)
=₩108,165

2×13년 12월 31일의 결산수정분개

(차)	이자비용	5,408*	(대) 현 금	8,000
	사채할증발행차금	2,592		

* 108,165×5%

2×14년 12월 31일의 결산수정분개

(차)	이자비용	5,278*	(대) 현 금	8,000
	사채할증발행차금	2,722		

* (108,165−2,592)×5%

2×15년 12월 31일의 결산수정분개

(차)	이자비용	5,149*	(대) 현 금	8,000
	사채할증발행차금	2,851		

* (108,165−2,592−2,722)×5%+잔액조정 7

만기시의 상환에 대한 분개

(차)	사 채	100,000	(대) 현 금	100,000

8 전환사채의 발행 및 전환권 행사

- 전환사채 발행금액=₩90,000
- 전환권이 없는 일반사채 발행금액
  =₩100,000×0.7513(3기간, 10% 현재가치)+₩5,000×2.4868(3기간, 10% 연금의 현가이자요소)
  =₩87,565
- 전환권 가치=₩90,000−₩87,565=₩2,435

(1) 발행일(2×13년 1월 1일)의 분개

(차)	현 금	87,565	(대) 전환사채	100,000
	사채할인발행차금	12,435		
(차)	현 금	2,435	(대) 전환권대가	2,435

(2) 이자비용의 인식(2×13년 12월 31일)

(차)	이자비용	8,757*	(대) 현 금	5,000
			사채할인발행차금	3,757

* 87,565×10%

(3) 전환권행사(2×14년 1월 1일)

(차)	전환사채	100,000	(대) 자본금	50,000
			주식발행초과금	41,322
			사채할인발행차금	8,678*

*발행일의 사채할인발행차금(₩12,435) − 사채할인발행차금상각(₩3,757) = ₩8,678

제10장 충당부채와 종업원급여

모범답안

1 충당부채의 회계정책

법안의 통과가 확실시되고, 이로 인하여 과거에 오염시킨 행위에 대해 복구해야 할 의무가 현재 존재하므로, ① 과거사건이나 거래의 결과에 의한 현재의무 요건이 충족되며, ② 의무를 이행하기 위하여 자원이 유출될 가능성이 높기 때문에, 결론적으로 세기케미칼(주)는 해당 금액을 신뢰성 있게 추정하여 충당부채로 계상해야 한다.

2 충당부채의 인식요건

(1) 보증판매에 의한 자원의 유출가능성이 매우 높고 그 금액을 신뢰성 있게 측정할 수 있으므로 ₩130,000을 충당부채로 인식한다.

(2) 기업이 환불해줄 것이라는 정당한 기대를 고객이 가지고 있고 반품된 금액 중 일정비율만큼 자원의 유출가능성이 매우 높기 때문에 환불예상비용 ₩320,000을 충당부채로 인식해야 한다.

(3) 화재 폭발 등 다른 유사한 사건은 재산상의 손실이나 손상의 원인이 되지만 그 발생을 예측할 수 없으며, 선물환거래나 환율변동보험에 가입하지 않았다는 사실 자체가 보고기간 종료일에 현재 의무를 발생시키는 것은 아니므로 재무상태표에 충당부채를 인식하지 않는다.

(4) 소송결과에 따른 자원의 유출가능성이 높지 않고 그 금액도 측정할 수 없으므로 충당부채로 인식하지는 않지만 관련된 내용을 주석에 기재할 필요는 있다.

3 용역유형의 판매보증

2×13년 제품판매시

(차) 현　금	20,000,000	(대)	매　출	18,000,000
			이연제품보증수익(선수수익)	2,000,000

2×13년 제품보증서비스 제공시

(차) 제품보증비	200,000	(대)	현　금	200,000
이연제품보증수익	400,000		제품보증수익	400,000*

*제품보증비(원가)에 대한 제품보증수익의 비율이 2배(₩20,000/₩10,000)이기 때문이다.

2×14년 제품보증서비스 제공시

(차)	제품보증비	400,000	(대) 현　금	400,000
	이연제품보증수익	800,000	제품보증수익	800,000

4 용역유형의 판매보증 대가

워런티(warranty) 제공에 소요될 비용추정액은 6백만원(=20%×1,500만원+6%×5,000만원)이며, 매출총이익률 40%를 달성하기 위한 매출액은 1,000만원이다. 따라서 워런티(warranty)는 최소 1,000만원에 판매하여야 한다.

5 확신유형의 판매보증

[물음 1] 판매시점

(차)	현　금	10,000,000	(대) 매　출	8,000,000*
	매출원가	5,200,000	환불부채(반품충당부채)	2,000,000**
	반품제품회수권	1,300,000***	재고자산	6,500,000

* ₩100000×100세트×80%=8,000,000

** 판매한 100세트 중 20%인 20세트가 반품될 것으로 예상하여 충당부채(환불부채)인식

*** 원가 ₩65,000인 주방용품 20세트가 반품될 경우 회수될 것으로 기대한 금액을 자산으로 인식

[물음 2] 반품시점

(차)	재고자산	975,000*	(대) 현　금	1,500,000**
	환불부채(반품충당부채)	2,000,000	반품제품회수권	1,300,000
	매출원가	325,000***	매　출	500,000***

* 반품되어 회사에 돌아온 주방용품 15세트의 원가

** 반품된 주방용품 15세트에 대하여 반환한 금액

*** 판매시 20세트 반품될 것으로 회계처리하였으나 실제로 15세트가 반품되었으므로, 5세트 분의 주방용품에 대한 매출과 매출원가를 인식

6 확정급여부채의 회계처리

[물음 1]

	1차연도	2차연도	3차연도	4차연도	5차연도
퇴직급여	₩2,432,000 (1)	₩2,432,000	–	–	–
기초 확정급여채무	0	1,661,000(2)	–	–	–
이자비용	0	166,000(3)	–	–	–
당기근무원가	1,661,000 (2)	1,827,000(4)	–	–	–
기말 확정급여채무	1,661,000 (2)	3,654,000(5)	–	–	–

(1) ₩2,000,000×1.216=₩2,432,000(1차연도말 기준 5차연도의 평균임금을 구하기 위해서는 임금상승률 5%, 기간 4년의 단일금액의 미래가치이자요소 1.216을 적용)

(2) ₩2,432,000의 퇴직급여는 제1차연도 근무로 인해 지급의무가 발생하므로 당기근무원가로 인식한다. 그러나 실제로 지급되는 것은 5차연도말이므로, 현재시점(1차연도말)을 기준으로 하는 경우에 할인율 10%, 기간 4년의 단일금액의 현재가치이자요소 0.683을 적용하여 당기근무원가와 확정급여채무를 계산하면 ₩2,432,000×0.683=₩1,661,000

(3) 1차연도말에 계상되어 있던 확정급여채무 ₩1,661,000은 1년이 경과되었음에도 불구하고 현금으로 지급이 안된 상태에 있기 때문에 이자비용만큼 빚이 늘어나게 될 것이다. 따라서 2차연도말에는 ₩1,661,000의 기초 확정급여채무에 이자비용 상당액 ₩166,000(=₩1,661,000×10%)이 추가될 것이다.

(4) ₩2,432,000의 퇴직급여는 제2차연도 근무로 인해 지급의무가 발생하므로 당기근무원가로 인식한다. 그러나 실제로 지급되는 것은 5차연도말이므로 현재시점(2차연도말)을 기준으로 하는 경우에 할인율 10%, 기간 3년의 단일금액의 현재가치이자요소 0.751을 적용하여 당기근무원가와 확정급여채무를 계산하면 ₩2,432,000×0.751=₩1,827,000

(5) ₩1,661,000+₩166,000+₩1,827,000=₩3,654,000

[물음 2]

1차연도 회계처리

(차)	퇴직급여비용	1,661,000	(대)	확정급여채무	1,661,000
	사외적립자산	1,500,000		현 금	1,500,000

1차연도 재무제표상에 표시될 금액

- 퇴직급여비용(포괄손익계산서): ₩1,661,000
- 확정급여부채(재무상태표): ₩161,000

[물음 3]

① 당기근무원가의 인식

(차)	퇴직급여비용	1,827,000	(대)	확정급여채무	1,827,000

② 기초확정급여채무에 대한 이자비용을 퇴직급여비용으로 인식

(차)	이자비용 (또는 퇴직급여비용)	166,000	(대)	확정급여채무	166,000

③ 회계연도중 사외적립자산 출연

(차)	사외적립자산	1,400,000	(대)	현 금	1,400,000

④ 기본 이자수익의 인식

(차)	사외적립자산	150,000	(대)	이자수익 (또는 퇴직급여비용)	150,000*

*기초사외적립자산의 공정가치 ₩1,500,000×10%

⑤ 퇴직금 지급

(차)	현 금	250,000	(대)	사외적립자산	250,000
	확정급여채무	250,000		현 금	250,000

⑥ 사외적립자산에 대한 재측정요소

(차)	사외적립자산	200,000	(대)	기타포괄이익 (재측정요소)	200,000*

*기말공정가치 3,000,000－기말장부금액(1,500,000＋1,400,000＋150,000－250,000)

⑦ 확정급여채무에 대한 보험수리적 손익

(차)	기타포괄손실 (보험수리적손실)	20,000	(대)	확정급여채무	20,000

2차연도 재무제표상에 표시될 금액

- 퇴직급여비용(포괄손익계산서): ₩1,843,000(＝166,000＋1,827,000－150,000)
- 확정급여부채(재무상태표): ₩674,000(＝3,654,000＋20,000－3,000,000)
- 사외적립자산에 대한 재측정요소(기타포괄이익): ₩200,000
- 보험수리적손익(기타포괄손실): ₩20,000

제11장 자본회계

심화학습

◉ K-IFRS 자본회계의 논점

국제회계기준을 준거하는 K-IFRS는 자본회계에 대한 기준서가 별도로 없으며 따라서 자본항목의 구분이나 재무상태표의 표시방법, 자본거래의 구체적인 회계처리 등은 제시하지 않고 있다. 따라서 지금까지 이 장에서 공부한 자본의 구분이나 각 항목의 회계처리는 K-IFRS의 전반적인 원칙을 따르되 우리나라의 기존 회계실무와 상법 등 관련 법규의 요구사항 등을 주로 반영한 것이다.

그러나 K-IFRS는 지분상품(발행자 입장에서는 자본)에 대해 제1032호에서 부채와 구분하는 원칙을 명백히 제시하고 있다. 현대 기업의 자본조달은 단순한 차입이나 회사채발행 또는 주식발행에 그치지 않고 다양한 금융기법이 적용된 복잡한 금융수단을 이용되고 있는데 이러한 금융상품에 대해 자본과 부채의 구분이 어려운 경우 또는 자본과 부채의 복합적 성격을 가지는 경우가 종종 있기 때문이다.

K-IFRS에 따르면 금융상품의 발행자는 계약의 실질과 금융부채, 금융자산 및 지분상품의 정의에 따라 최초 인식시점에 금융상품이나 금융상품의 구성요소를 금융부채, 금융자산 또는 지분상품으로 분류하여야 한다. 이 경우 다음 (가), (나)의 조건을 모두 충족하는 금융상품만이 지분상품이라고 규정하고 있다.

(가) 다음의 ①, ②에 해당하는 계약상 의무가 포함되어 있지 않아야 한다.
  ① 거래상대방에게 현금 등 금융자산을 인도하기로 하는 계약상 의무
  ② 발행자에게 잠재적으로 불리한 조건으로 거래상대방과 금융자산이나 금융부채를 교환하는 계약상 의무

(나) 자기지분상품으로 결제되거나 결제될 수 있는 계약으로서, 다음 ①, ② 중 하나에 해당해야 한다.
  ① 변동가능한 수량의 자기지분상품을 인도할 계약상 의무가 없는 비파생상품
  ② 확정 수량의 자기지분상품에 대하여 확정 금액의 현금 등 금융자산의 교환을 통해서만 결제될 파생상품(이하 생략)

위 기준서 내용의 요지는 지분상품 또는 자본은 일단 발행되면 회사의 자본으로 영구적으로 제공되어 중도에 금융상품 소지자에게 현금이나 다른 금융자산을 인도할 의무가

없어야 한다는 것이다. 또한, 향후에 자기지분상품(자기주식 등)으로 결제해야 하는 계약의 경우에도 결제시 미리 정해진 수량의 주식발행 등에 의해 거래가 완료되어야 한다는 것이다. 이와 같은 원칙에 따라 형식상 우선주이지만 주식발행후 상당기간 경과후에 주식소유자의 선택에 의해 상환될 수 있는 상환우선주는 자본이 아닌 부채로 분류되는 것이 적절하다.

최근 우리나라 몇몇 기업이 발행한 신종자본증권(영구채)의 경우 부채가 아닌 자본으로 회계처리될 수 있는가에 대해 큰 논란이 일었으며 한국회계기준원 등 관련 기관에 의해 자본의 성격으로 정리되기는 하였으나 전문가와 학자들 간에 여전한 이견이 존재한다. 아래의 [그림]은 두산인프라코어가 2012년말 5억달러 규모로 발행한 영구채의 구조이다.

그림 ▌ 두산인프라코어가 발행한 영구채의 구조

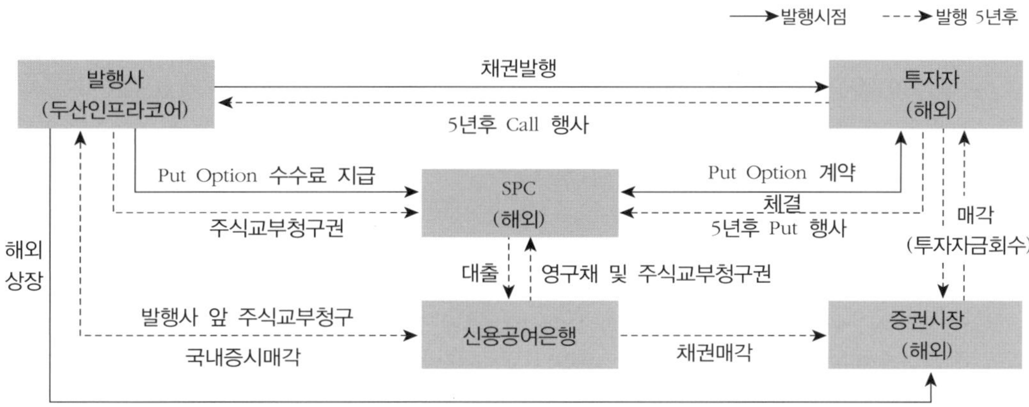

위와 같이 복잡한 자본조달 구조를 간단하게 요약하면, 형식은 이자를 지급해야 하는 채권으로 발행사가 재매입할 수 있는 콜옵션(5년후)을 가지는데 만기는 30년이지만 연장가능하므로 실제로는 만기가 없다고 할 수 있다.

이때 투자자들은 발행 이후 5년이 지나면 풋옵션(매입청구권)을 행사할 수 있는데 이 풋옵션의 수용은 발행자와는 별도인 SPC(특수목적회사)가 한다. 또한 신용공여은행은 각종 수수료를 받는 대신 채권 매입 및 해외증시를 통한 매각을 책임지며 실질적인 보증을 해주는 구조이다.

이와 같이 부채와 자본의 성격을 동시에 가지는 복합금융상품의 경우 비파생금융상품의 발행자는 금융상품의 조건을 평가하여 당해 금융상품이 자본요소와 부채요소를 모두 가지고 있는지를 결정하여야 하며 각 요소별로 금융부채, 금융자산 또는 지분상품으로 분류하여야 한다. 예를 들면, 전환사채의 경우에는 발행자는 부채요소인 사채부분과 분리하여 자본요소인 전환권대가를 인식하여야 한다는 것이다.

다음 [예제 1]을 통해 부채요소와 자본요소를 어떻게 분리해내어 회계처리하는지 살펴보도록 하자.

예제 1 전환사채의 부채요소와 자본요소의 분리

꽃샘(주)가 2×13년 1월 1일에 액면금액 ₩1,000,000, 매년말 액면이자 5% 지급, 3년 만기인 사채를 ₩989,640에 발행하였다. 발행시점의 시장이자율은 10%이었고 투자자에게 사채액면 ₩10,000 기준, 1주의 보통주(주당 액면 ₩5,000)로 전환할 수 있는 권리가 부여된 전환사채이다. 전환사채 발행과 관련된 꽃샘(주)의 회계처리를 하시오.

| 풀이 |

■ 전환권 가치의 계산과 부채요소와 자본요소의 분리

전환권이 없는 일반사채의 발행금액은 시장이자율이 10%인 경우

3년후 만기시점에 받을 단일금액의 현재가치:	₩1,000,000×0.7513=₩751,300
매년말 받는 액면이자의 현재가치:	₩50,000×2.4868=₩124,340
발행금액:	₩751,300+₩124,340=₩875,640

따라서 전환권 가치의 계산은 다음과 같다.

전환사채 발행금액	₩989,640
전환권 없는 일반사채 발행금액	₩875,640
전환권 가치	₩114,000

즉, 총수취금액 ₩989,640 중 사채인 부채로 기록될 금액은 ₩875,640이며 자본인 전환권으로 기록될 금액은 ₩114,000이다. 이때 사채의 액면금액인 ₩1,000,000과 부채로 기록될 금액 ₩875,640과의 차액 ₩124,360은 사채할인발행차금으로 처리한다.

■ 발행일(2×13년 1월 1일)의 회계처리

(차) 현 금	989,640	(대)	전환사채	1,000,000
사채할인발행차금	124,360		전환권대가(자본잉여금)	114,000

모범답안

1 주식의 발행과 재취득

(1)	(차) 현 금	600,000	(대)	보통주자본금	500,000
				주식발행초과금	100,000
(2)	(차) 현 금	1,250,000	(대)	우선주자본금	1,000,000
				주식발행초과금	250,000

(3)	(차) 토 지	40,000	(대) 우선주자본금	50,000
	주식발행초과금	10,000		
(4)	(차) 자기주식	170,000	(대) 현 금	170,000
(5)	(차) 현 금	60,000	(대) 자기주식	85,000
	자기주식처분손실*	25,000		

* 자본조정항목

(6)	(차) 보통주자본금	50,000	(대) 자기주식	85,000
	감자차손*	35,000		

* 자본조정항목

2 기타포괄손익누계액

①	(차) 기타포괄손익금융자산	10,000	(대) 기타포괄손익금융자산평가이익*	10,000

* 마감분개를 통하여 자본의 기타포괄손익누계액 중 '기타포괄손익금융자산평가손익'계정에 대체한다.

②	(차) 기타포괄손익금융자산	7,500	(대) 기타포괄손익금융자산평가이익	7,500
	현 금	52,500	기타포괄손익금융자산	52,500
	기타포괄손익누계액*	12,500	이익잉여금	12,500

* 자본의 기타포괄손익누계액 중 기타포괄손익금융자산평가손익에 계상되어 있던 ₩5,000(전체 금액 중 처분된 50주 상당액)과 처분시점의 기타포괄손익금융자산평가이익 ₩7,500을 이익잉여금으로 대체함으로써 처분손익에 영향을 미치지 않도록 한다(즉, 지분증권의 평가손익은 재분류조정하지 않는다).

3 이익잉여금처분

자본금(보통주)	₩800,000
주식발행초과금	160,000
감자차손	12,000(=18,000−6,000)
이익준비금	162,000(=150,000+120,000×$\frac{1}{10}$)
사업확장적립금	260,000(=210,000+50,000)
미처분이익잉여금	112,000*

* 기초미처분이익잉여금 ₩100,000+당기순이익 ₩200,000−이익준비금전입 ₩12,000−현금배당 ₩120,000−감자차손상각 ₩6,000−사업확장적립금전입 ₩50,000=₩112,000

당기순이익을 미처분이익잉여금으로 전입

(차) 당기순이익	200,000	(대) 미처분이익잉여금	200,000

배당금의 회계처리

(차) 미처분이익잉여금	120,000	(대) 미지급배당금	120,000

이익준비금과 사업확장적립금의 적립

(차) 미처분이익잉여금	12,000	(대) 이익준비금	12,000
(차) 미처분이익잉여금	50,000	(대) 사업확장적립금	50,000

감자차손의 상각

(차) 미처분이익잉여금	6,000	(대) 감자차손	6,000

4 임의적립금

화재손실의 기록

(차) 감가상각누계액－건물	370,000	(대) 건 물	500,000
화재손실	130,000		

재해손실적립금의 이입

(차) 재해손실적립금	130,000	(대) 미처분이익잉여금	130,000

5 배당금(보통주와 우선주)

[물음 1]

(우선주 B)	연체배당액 4년×₩200×20주, 2×12년 배당 ₩200×20주: 합계	₩20,000
(우선주 A)	2×12년분 배당 ₩250×40주	₩10,000
(보통주)	₩120,000－(₩20,000＋₩10,000)	₩90,000

[물음 2]

■ 1차배분

(우선주 A)	2×12년분 배당 ₩250×40주	₩10,000
(우선주 B)	연체배당액 4년×₩200×20주, 2012년 배당 ₩200×20주	₩20,000
(보통주)	우선주 B와 동률(2×12년)의 배당 ₩200×60주	₩12,000

■ 2차배분

배분가능액 ₩120,000－(₩20,000＋₩10,000＋₩12,000)＝₩78,000*

* ₩78,000을 우선주 B와 보통주의 액면총액에 비례하여 1:3으로 배분하면 우선주 B에 ₩19,500 보통주에 ₩58,500에 배분되며 우선주 B와 보통주는 2×12년에 23.5% 배당을 받은 것임(우선주 B의 연체배당액은 별도)

[물음 3]

1차배분은 위와 동일하며 2차배분시 ₩78,000 중 우선주 B는 4%의 추가배당만 배분받을 수 있으며(₩200×20주＝₩4,000), 나머지 ₩74,000은 모두 보통주에 배당된다.

6 전환사채의 부채요소와 자본요소의 분리

■ 전환권 가치의 계산과 부채요소와 자본요소의 분리

전환권이 없는 일반사채의 발행금액은 시장이자율이 12%인 경우

- 3년후 만기시점에 받을 단일금액의 현재가치 ₩1,000,000×0.7118 = ₩711,800
- 매년말 받는 액면이자의 현재가치 ₩60,000×2.4018 = ₩144,108
- 발행금액 ₩711,800 + ₩144,108 = ₩855,908

따라서, 전환권 가치의 계산은 다음과 같다.

전환사채 발행금액	₩980,000
전환권 없는 일반사채 발행금액	855,908
전환권 가치	₩124,092

즉, 총수취금액 ₩980,000 중 사채인 부채로 기록될 금액은 ₩855,908이며 자본인 전환권으로 기록될 금액은 ₩124,092이다. 이때 사채의 액면금액인 ₩1,000,000과 부채로 기록될 금액 ₩855,908과의 차액 ₩144,092은 사채할인발행차금으로 처리한다.

■ 발행일(2×13년 1월 1일)의 회계처리

(차)	현 금	980,000	(대)	전환사채	1,000,000
	사채할인발행차금	144,092		전환권대가(자본잉여금)	124,092

7 기타포괄손익누계액의 회계처리

[물음 1]

400만원(매도가액) − 350만원(취득원가) = 50만원

+ 50만원(기타포괄손익누계액의 재분류조정) = 100만원

[물음 2]

2×12년의 기타포괄손익금융자산평가이익(50만원)과 2×13년 처분시점의 가타포괄손익금융자산평가이익(50만원)을 더한 100만원이 기타포괄손익누계액으로 남아 있다. 이때, 지분증권에 대한 기타포괄손익누계액은 재분류조정을 통하여 처분손익에 영향을 미쳐서는 안 되며, 이익잉여금으로 대체는 가능하다. 결국 처분손익은 나타나지 않는다.

제12장 연결재무제표의 작성과 이해

심화학습

◉ 지배력 원칙의 기초개념

지배력에 관한 K-IFRS는 원문을 직역하다보니 국문내용이 이해하기 어려운 부분이 있어 특별히 영어원문도 함께 표시하여 학습할 수 있도록 하였다. 지배력 원칙의 구체적인 적용에 관하여는 가장 보편적인 수단인 '의결권'을 중심으로 살펴보도록 하겠다.

Key Standard

투자자는 피투자자에 대한 관여로 변동이익에 노출되거나 변동이익에 대한 권리가 있고 피투자자에 대하여 자신의 힘으로 그러한 이익에 영향을 미치는 능력이 있을 때 피투자자를 지배한다.
(K-IFRS 1110: 문단 10)

An investor controls an investee when it is exposed, or has rights, to variable returns from its involvement with the investee and has the ability to affect those returns through its power over the investee. (IFRS 10: 10)

지배기업은 지배력 원칙에 따라 연결대상 종속기업을 결정한다. 투자자인 지배기업는 다음의 구성요소를 모두 갖는 경우에만 피투자자를 지배하는 것이며, 그 종속기업은 연결실체에 포함한다.

① 피투자자에 대한 힘
② 피투자자에 대한 관여로 인한 변동이익에 대한 노출 또는 권리
③ 투자자의 이익금액에 영향을 미치기 위하여 피투자자에 대하여 자신의 힘을 사용하는 능력

■ 힘(Power)

Key Standard

관련활동(즉, 피투자자의 이익에 유의적으로 영향을 미치는 활동)을 지시하는 현재의 능력을 갖게 하는 현존 권리를 투자자가 보유하고 있을 때, 투자자는 피투자자에 대한 힘이 있다.
(K-IFRS 1110: 문단 10)

An investor has power over an investee when the investor has existing rights that give it the current ability to direct the relevant activities, ie the activities that significantly affect the investee's returns. (IFRS 10: 10)

피투자자(즉, 종속기업)의 이익에 유의적으로 영향을 미치는 활동을 관련활동이라 하고 투자자(즉, 지배기업)가 관련활동을 지시하는 능력을 가지면 **힘**('지배력'과 유사한 개념으로 볼 수 있음)을 가진 것으로 본다. 그렇다면 관련활동을 지시하는 능력, 즉 힘을 획득하는 원천은 무엇일까? 바로 '권리'이다. 앞에서 설명한 의결권이 가장 대표적인 힘의 원천이라 할 수 있다. 단순한 경우 과반수의 의결권을 보유하면 주주총회를 통해 이사회를 장악하고 피투자자를 지배할 수 있다고 설명한 바 있다. 이사회는 경영활동의 주체이므로 투자자가 피투자자의 이사회를 자기의 뜻대로 움직일 수 있다면 종속기업의 활동을 지시하는 능력을 가진 것으로 볼 수 있는 것이다. 여기서 알아야 할 점은 지배기업이 종속기업의 '모든 활동'을 지시하는 능력까지 가질 필요는 없다는 것이다. 종속기업의 이익에 유의적으로 영향을 미치는 활동, 즉 '**관련활동**'을 지시할 수 있으면 된다.

그렇다면 관련활동은 무엇일까? 영업정책이나 재무정책과 같이 피투자자의 이익에 중요한 영향을 미치는 활동을 말한다. 한편 투자자는 다른 계약상의 약정을 통해 권리를 획득할 수 있음을 이미 설명한 바 있다. 앞의 예와 같이 투자자가 피투자자의 주요 경영진을 선임하거나 해임할 수 있는 권리를 갖는 경우 경영진을 통해 피투자자의 관련활동을 지시하는 능력을 가지므로 힘을 갖는다.

투자자는 50%를 초과하는 의결권과 같이 개별적인 하나의 권리를 통해 힘을 획득할 수 있고, 또한 여러 권리를 결합하여 힘을 획득할 수도 있다. 개별적이든 결합해서든 결과적으로 피투자자의 관련활동을 지시하는 능력을 가질 수 있으면 된다. 다만, 권리는 관련활동을 지시하는 **실질적인 권리**(substantive right)여야 하는데, 이는 권리를 행사하는 데 방해되는 요소가 없고, 다른 사람의 동의를 받을 필요도 없으며, 필요할 때 그 권리를 행사할 수 있어야 한다는 것이다. 따라서 **방어적인 권리**(protective right)만을 가진 경우 힘을 갖지 못한다. 예를 들어, 피투자자가 투자자의 이익에 반하는 특정한 활동을 하는 경우 그러한 활동을 제한할 수 있는 권리는 일종의 방어적 권리로 투자자에 대한 힘을 갖는 원천으로 볼 수 없다.

■ 변동이익에 대한 노출 또는 권리(Exposure, or rights, to variable returns from an investee)

Key Standard

피투자자에 대한 투자자의 관여로 투자자의 이익이 피투자자의 성과에 따라 달라질 가능성이 있는 경우 투자자는 변동이익에 노출되거나 변동이익에 대한 권리를 가진다.

(K-IFRS 1110: 문단 15)

> An investor is exposed, or has rights, to variable returns from its involvement with the investee when the investor's returns from its involvement have the potential to vary as a result of the investee's performance. (IFRS 10: 15)

투자자의 이익이 피투자자의 성과에 따라 변동될 가능성이 있는 경우 **변동이익에 노출**되거나 권리를 가진 것으로 볼 수 있다. 예를 들어, 투자자가 피투자자의 주식을 보유하는 경우 피투자자의 성과에 따라 투자자의 이익이 변동하는 것은 자명한 일이다. 구체적으로 피투자자가 지급하는 배당금, 주식의 가치 변화, 청산시 잔여지분 등이 변동이익에 해당한다. 투자자가 피투자자의 채권을 보유하는 경우에는 이자 및 채권의 가치 변화 등이 변동이익에 해당한다. 특히 변동금리는 물론 고정금리를 지급하는 채권을 보유하는 경우에도 피투자자의 채무불이행 위험이 존재하므로 변동이익에 해당함을 유의하여야 한다.

또한, 지배력이 있는 투자자는 소액의 지분을 보유한 다른 투자자들이 향유할 수 없는 특별한 변동이익에 노출되거나 권리를 가질 수 있다. 지배력이 있는 경우 경제적 실체의 관점에서 규모의 경제, 원가절감 부족한 제품의 외부구매 등을 이루기 위해 피투자자와 영업기능들을 결합하거나, 피투자자의 독점적 지식에 대한 접근을 확보하거나, 또는 일부 영업이나 자산에 제약을 가할 수 있다. 이처럼 투자자는 피투자자의 자산을 자신의 자산과 전략적으로 결합하거나 이용할 수 있는데, 이를 통해 변동이익을 얻을 수 있다. 이때 변동이익은 양(+)의 금액 또는 음(−)의 금액이거나 또는 두 경우 모두에 해당될 수 있다. 즉, 이익만을 뜻하는 것이 아니라 손실도 모두 포함되는 것이다.

■ 힘과 이익의 연관(Link between power and returns)

Key Standard

> 투자자가 피투자자에 대한 힘을 갖고 있고 피투자자에 대한 관여로 변동이익에 노출되거나 변동이익에 대한 권리가 있을 뿐만 아니라, 피투자자에 대한 관여로 자신의 이익금액에 영향을 미치기 위하여 자신의 힘을 사용하는 능력이 있다면 투자자는 피투자자를 지배하는 것이다. (K-IFRS 1110: 문단 17)
>
> An investor controls an investee if the investor not only has power over the investee and exposure or rights to variable returns from its involvement with the investee, but also has the ability to use its power to affect the investor's returns from its involvement with the investee. (IFRS 10: 17)

이 요소는 힘과 이익이 서로 관련되어야 한다는 것에 중점을 둔다. 대부분의 경우 피투자자에 대한 힘과 권리를 가지면 이를 이용하여 투자자가 자신의 이익에 영향을 미칠 수 있는 능력을 갖게 된다. 즉, 힘과 이익이 서로 관련되는 것이다. 그러나 힘은 가지고 있어도 이를 자신의 이익을 위해 사용할 수 없는 경우가 있을 수도 있다. 대리인으로서 위임된 힘을 갖는 경우가 대표적인 예이다.

본인의 권리를 대리인에게 위임하여 본인을 위해 사용하도록 하는 경우 대리인은 힘 그 자체는 갖고 있지만 이를 자신의 이익을 위하여 행사할 수 있다고 볼 수 없다. 즉, 힘과 이익이 서로 관련되지 않는 것이다. 그렇다면 이 경우 본인과 대리인 중 누가 지배력을 갖는 것으로 보아야 할까? 의사결정권을 위임한 본인이 지배력을 갖는 것으로 보는 것이 타당할 것이다. 즉, '**위임된 힘**'이 아닌 '**자신의 힘**'을 가지고 이를 자신의 이익을 위해 사용할 능력이 있어야만 지배력을 갖는 것임을 유의해야 한다.

이상에서 설명한 지배력의 구성요소를 정리하면 아래 [그림]과 같다.

그림 | 지배력의 구성요소와 관계

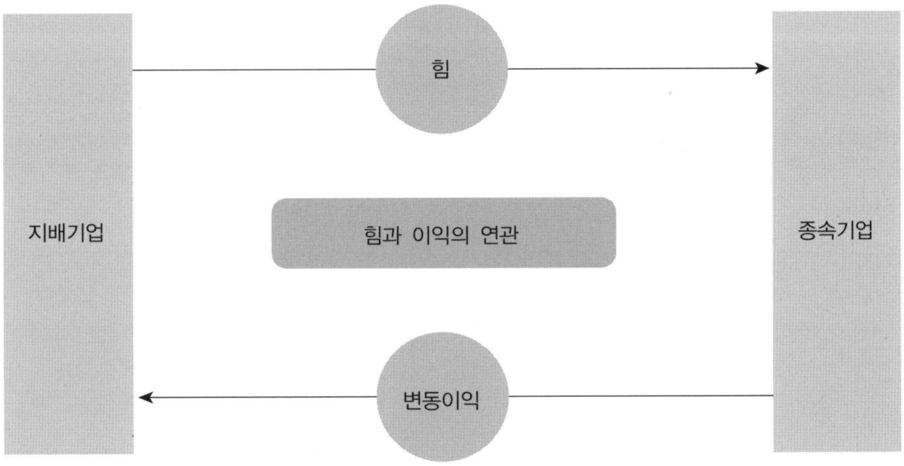

◉ 지배력의 평가

연결재무제표에 포함되는 종속기업을 결정하기 위해서 지배력을 평가할 때에는 피투자자의 목적과 설계(purpose and design of an investee, '사업의 목적과 영업방법의 설계'를 의미한다고 볼 수 있음)를 고려하는 것이 도움이 되며, 투자자와 다른 상대방 간의 관계에 대한 성격도 고려하여야 한다. 또한 지배력의 세 가지 요소 중 하나 이상에 변화가 있음을 나타내는 경우 투자자가 피투자자를 지배하는지 재평가하여야 한다. 그러나 지배구조의 형태가 복잡하고 다양한 현실에서 지배력을 명백히 판단하기 어려운 경우가 많다. 연결회계기준에서는 지배력 원칙의 실무적용을 돕기 위해 매우 상세한 적용지침을 제시하고 있는데, 의결권을 중심으로 적용사례를 살펴본다.

■ 투자자가 의결권의 과반수 이상을 보유하고 다른 약정이 없는 경우

피투자자의 목적과 설계를 고려할 때 피투자자의 보통주와 같이 보유자에게 비례의결권을 제공하는 지분상품을 수단으로 피투자자를 지배하는 것은 명백할 수 있다. 의사결정을 변경하는 추가적인 약정이 없다면 지배력의 평가는 누가 피투자자의 영업정책과 재무정책을 결정하기 위한 충분한 의결권을 행사할 수 있는지에 중점을 두면 된다. 가장 단순한 경우 다른 요소가 없다면 의결권의 과반수를 보유하는 투자자가 피투자자를 지배하는 것으로 볼 수 있다.

■ 의결권의 과반수 보유 없이도 힘을 가지는 경우

투자자는 피투자자 의결권의 과반수 미만을 보유하더라도 투자자와 다른 의결권 보유자간의 계약상 약정, 잠재적 의결권, 투자자의 의결권(아래 개념plus 참조), 기타 계약상 약정에서 발생하는 권리 등을 통하여 힘을 가질 수 있다. 두 가지 사례를 개념plus를 통해 살펴보자.

개념 Plus 일방적으로 관련활동을 지시하는 실질적 능력을 가진 경우란?

의결권의 과반수 미만을 보유한 투자자라도 일방적으로 관련활동을 지시하는 실질적 능력을 가진 경우 힘을 획득하는 충분한 권리를 가진다. 예를 들어, 투자자가 피투자자 의결권의 48%를 보유한 최대주주이고, 나머지 의결권은 수천 명의 주주들이 보유하고 있으며, 어느 누구도 개별적으로 의결권의 1%를 초과하여 보유하고 있지 않다. 주주들은 서로 상의하거나 집합적인 의사결정을 하기 위해 어떠한 약정도 하지 않는다. 이 경우 투자자의 48% 지분은 피투자자를 지배하기에 충분할 것이다.

개념 Plus 의결권이 계약상 약정에 명시된 다른 권리와 결합된 경우란?

투자자가 계약상 약정에 명시된 권리와 50% 미만의 의결권을 함께 갖고 있는 경우 권리들의 결합을 통해 피투자자의 이익에 유의적으로 영향을 미치는 관련활동을 지시하는 현재의 능력을 가질 수 있다. 예를 들어, 계약에 의해 피투자자의 제조공정이나 다른 영업활동 또는 재무활동을 지시하는 권한을 갖는다면 50% 미만의 지분율과 결합하여 힘을 획득할 수 있다. 그러나 피투자자가 투자자에 대해 경제적으로 의존(예: 공급자와 주요 고객의 관계)하고 있다고 하더라도 약정에 의해 명시된 다른 권리가 없다면 투자자가 피투자자에 대한 힘을 가지게 되는 것은 아님을 유의해야 한다.

■ 의결권 과반수를 보유하나 힘을 가지지 않는 경우

피투자자의 의결권 과반수를 보유하는 투자자가 피투자자에 대한 힘을 보유하기 위해서는 투자자의 의결권이 실질적이어야 하며, 영업정책 및 재무정책의 결정을 통해 이루어지는 관련활동을 지시하는 현재의 능력을 가져야 한다. 투자자가 피투자자에 대한 의결권 과반수를 보유하고 있더라도 그러한 권리가 실질적이지 않다면 피투자자에 대한 힘을 갖지 못한다. 예를 들어 기업이 부실화되어 구조조정이 진행되고 관련활동이 정부, 법원, 관재인, 채권자, 청산인 또는 감독당국의 지시 대상이 된다면 의결권의 과반수를 보유한다고 하여도 힘을 행사할 수 없으므로 지배력을 가질 수 없다. 또한 의결권의 행사가 관리 업무에만 국한되거나 또는 주요 관련활동의 지시가 의결권의 행사가 아닌 계약상 약정에 의해 결정되는 경우에도 투자자는 의결권을 통해 피투자자의 이익에 유의적인 영향을 미치지 않을 수 있다. 이 경우 투자자가 의결권의 과반수를 보유한다 하더라도 힘을 갖지 못할 수 있으므로 계약상의 약정을 신중히 평가할 필요가 있다.

◉ 내부거래와 미실현손익의 제거

지배기업은 종속기업과의 사업결합을 통해 외적 성장을 도모한다. 예를 들어, 제조업을 영위하는 지배기업은 자사제품의 판매를 전담하는 종속기업을 설립한다. 이 경우 지배기업에서 종속기업으로 매출이 발생한다. 반대로 원재료와 부품을 안정적으로 공급받기 위해 종속기업에 투자하는 경우도 많다. 이 경우 주로 종속기업이 지배기업에 매출을 하게 된다.

이 밖에도 지배기업은 종속기업에 자금을 대여하여 유동성을 지원하기도 하며, 서로에게 필요한 자산을 매매하는 등 다양한 내부거래가 발생한다. 연결실체의 재무상태와 경영성과를 적절히 나타내기 위해서는 동일한 경제적 실체 내에서 발생한 내부거래와 그로 인한 미실현손익은 전액 제거되어야 한다. 그 구체적인 내용은 재고자산의 내부거래를 통해 설명한다.[1)]

■ 재고자산의 내부거래와 미실현손익의 제거

지배기업이 종속기업에 재고자산을 매출하고 종속기업이 다시 이를 외부로 매출한 경우 법적 실체 관점에서 작성하는 지배기업과 종속기업의 재무제표에는 각각 매출과 매출원가가 인식된다. 연결재무제표를 작성할 때 지배기업의 매출과 종속기업의 매출원가를 서로 상계하지 않으면 연결실체의 매출과 매출원가가 이중으로 계상된다. 그러나 연결실체 외부로 매출이 실현되었기 때문에 미실현손익의 문제는 발생하지 않는다.

만약 위 예에서 종속기업이 재고자산을 보유하고 있다면 연결재무제표를 작성할 때 내

---

1) 다른 형태의 내부거래와 미실현손익을 제거하는 회계처리와 이를 반영한 연결재무제표의 작성방법에 관하여는 고급회계에서 자세히 다뤄질 사항으로 본서에서는 생략한다.

부거래와 함께 그로 인한 미실현손익을 제거하여야 한다. 지배기업의 법적 실체 입장에서는 매출총이익만큼 이익이 실현된 것으로 보고되지만, 연결실체 관점에서는 외부에 최종으로 판매되기 전까지는 아직 이익이 실현된 것으로 볼 수 없기 때문이다. 이때 미실현손익을 제거하면 연결당기순이익이 변동되고 지배기업소유주의 이익잉여금 또는 비지배지분이 변동한다.

지배기업이 종속기업에게 매출하는 **하향판매**의 경우 지배기업의 매출총이익이 미실현된 것이므로 이로 인한 효과는 전액 지배기업소유주의 이익잉여금에 반영한다. 그러나 종속기업이 지배기업에게 매출하는 상향판매의 경우 종속기업의 매출총이익이 미실현된 것이므로 이로 인한 효과는 지배기업소유주의 이익잉여금과 비지배지분으로 안분하여 반영한다. 다음 [예제 1]을 통해 재고자산의 하향판매와 관련된 회계처리를 살펴보도록 하자.

예제 1 **재고자산의 하향판매**

지배(주)는 2×01년 1월 1일에 종속(주) 주식의 80%를 취득하여 지배력을 획득하였다. 2×01년중 지배(주)는 종속(주)에 취득원가 ₩100,000의 재고자산을 ₩120,000에 매출하였다. 종속(주)는 2×01년 12월 31일 현재 동 재고자산을 보유하고 있으며, 2×02년중 ₩150,000에 전부 매출하였다.

[물음 1] 2×01년 12월 31일에 재고자산의 내부거래와 관련된 연결조정분개를 하시오.

[물음 2] 2×02년 12월 31일에 재고자산의 내부거래와 관련된 연결조정분개를 하시오.

| 풀이 |

1. 2×01년 12월 31일 재고자산의 내부거래와 미실현이익 제거

■ 내부거래효과의 분석

내부거래에 관한 연결조정분계는 지배(주)와 종속(주)의 재무제표의 단순합계금액과 연결재무제표에 표시되어야 할 올바른 금액을 비교하면 쉽게 파악할 수 있다. 아래 부분연결정산표에서 보는 바와 같이 내부거래의 결과로 지배(주)는 매출과 매출원가를 인식하여 ₩20,000의 매출총이익을 보고하고, 종속(주)는 ₩120,000의 재고자산을 인식하였다.

그러나 연결실체의 관점에서는 재고자산의 보관장소가 지배(주)에서 종속(주)로 변경되었을 뿐 아직 실현된 이익은 없으므로 연결재무제표에 표시될 매출총이익은 영(0)이고 재고자산도 지배(주)의 취득원가인 ₩100,000이 되어야 한다. 이때 필요한 연결조정은 종속(주)의 재고자산에 포함된 미실현이익 ₩20,000(①)을 감소시키고 지배(주)의 매출 ₩120,000(②-1)과 매출원가 ₩100,000(②-2)을 제거하는 것이다.

부분 연결정산표

2×01년 12월 31일

	지배(주)	종속(주)	단순합계	연결조정	연결재무제표
재고자산	–	₩120,000	₩120,000	①	₩100,000
매출	120,000		120,000	②–1	–
매출원가	(100,000)		(100,000)	②–2	–

■ 연결조정분개

(차)	매출	120,000	(대)	매출원가	100,000
				재고자산	20,000

2. 2×02년 12월 31일 재고자산의 전기 미실현이익의 실현

■ 내부거래효과의 분석

지배(주)는 전기에 인식한 매출총이익 ₩20,000을 재무상태표의 기초이익잉여금으로 표시하고, 종속(주)는 ₩120,000에 취득한 재고자산을 ₩150,000에 매출하여 ₩30,000의 매출총이익을 인식하였다. 즉, 총 ₩50,000의 매출총이익 중 ₩20,000은 지배(주)의 2×01년도 당기순이익으로 반영되고, 나머지 ₩30,000은 종속(주)의 2×02년도 당기순이익에 반영되는 것이다.

그러나 연결실체의 관점에서는 2×01년도에는 실현된 이익이 없으며 2×02년도에 취득원가 ₩100,000의 재고자산이 ₩150,000에 매출된 것이므로 ₩50,000의 이익이 표시되어야 한다. 이때 필요한 연결조정은 지배(주)의 이익잉여금 ₩20,000(①)을 감소시키고 종속(주)의 매출원가를 ₩120,000에서 ₩100,000으로 ₩20,000(②)을 감소시키는 것이다. 이는 전기에 제거한 미실현이익을 당기의 매출원가 감소를 통해 실현시키는 효과를 갖는다.

부분 연결정산표

2×02년 12월 31일

	지배(주)	종속(주)	단순합계	연결조정	연결재무제표
이익잉여금	₩20,000		₩20,000	①	–
매출		150,000	150,000		₩150,000
매출원가		(120,000)	(120,000)	②	(100,000)

■ 연결조정분개

(차)	이익잉여금	20,000	(대)	매출원가	20,000

위의 [예제 1]의 거래는 지배기업이 종속기업에 재고를 판매하는 하향판매이므로 미실

현이익의 제거와 실현의 효과는 전부 지배기업에게 귀속된다. 즉, 하향판매 미실현이익은 비지배지분을 대체할 때 고려할 필요가 없다. 결과적으로 2×01년도 미실현이익의 제거는 2×01년 연결당기순이익 중 지배기업의 소유주 귀속분과 지배기업의 이익잉여금을 ₩20,000 감소시킨다. 마찬가지로 2×02년도 전기미실현이익의 실현은 2×02년 연결당기순이익 중 지배기업의 소유주 귀속분과 지배기업의 이익잉여금을 ₩20,000 증가시킨다.

이제는 종속기업이 지배기업에게 재고자산을 **상향판매**하는 경우의 회계처리를 다음의 [예제 2]를 통해 학습해보도록 하자.

예제 2 재고자산의 상향판매

지배(주)는 2×01년 1월 1일에 종속(주) 주식의 80%를 취득하여 지배력을 획득하였다. 2×01년중 종속(주)는 지배(주)에 취득원가 ₩100,000의 재고자산을 ₩120,000에 매출하였다. 지배(주)는 2×01년 12월 31일 현재 동 재고자산을 보유하고 있으며, 2×02년중 ₩150,000에 전부 매출하였다.

[물음 1] 2×01년 12월 31일에 재고자산의 내부거래와 관련된 연결조정분개를 하시오.

[물음 2] 2×02년 12월 31일에 재고자산의 내부거래와 관련된 연결조정분개를 하시오.

| 풀이 |

1. 2×01년 12월 31일 재고자산의 내부거래와 미실현이익 제거

■ 내부거래 효과의 분석

내부거래를 통해 종속(주)는 매출과 매출원가를 통해 ₩20,000의 매출총이익을 인식하고 지배(주)는 ₩120,000의 재고자산을 인식하였다. 그러나 연결실체의 관점에서는 재고자산의 보관장소가 지배(주)에서 종속(주)로 변경되었을 뿐 아직 실현된 이익은 없으므로 연결재무제표에 표시될 매출총이익은 영(0)이고 재고자산도 종속(주)의 취득원가인 ₩100,000이 되어야 한다. 이때 필요한 연결조정은 지배(주)의 재고자산에 포함된 미실현이익 ₩20,000(①)을 감소시키고 종속(주)의 매출 ₩120,000(②-1)과 매출원가 ₩100,000(②-2)을 제거하는 것이다.

부분 연결정산표

2×01년 12월 31일

	지배(주)	종속(주)	단순합계	연결조정	연결재무제표
재고자산	₩120,000	-	₩120,000	①	₩100,000
매출		120,000	120,000	②-1	-
매출원가		(100,000)	(100,000)	②-2	-

■ 연결조정분개

(차)	매출	120,000	(대)	매출원가	100,000
				재고자산	20,000

개념 Plus 상향판매시 미실현 이익을 제거한 결과는?

이는 앞의 [예제 1]에서 살펴본 하향판매의 경우와 다를 바가 없다. 그러나 상향판매의 경우 미실현이익의 제거를 통해 감소된 이익을 지배기업뿐 아니라 비지배지분에도 안분하여 반영해야 된다는 점을 유의하여야 한다. 아래와 같이 종속기업의 당기순이익에 의해 증가된 이익잉여금을 비지배지분으로 대체하는 연결분개를 수행할 때 음영표시된 매출과 매출원가(즉, 순액으로 미실현이익)를 차감하여 조정하여야 한다.

(차) 이익잉여금	×××	(대) 비지배지분*	×××

* (종속기업의 당기순이익－공정가치 조정액의 변동－미실현이익)×비지배주주 지분율

결과적으로 하향판매의 [예제 1]과 달리 미실현이익 ₩20,000 중 20%인 ₩4,000은 비지배지분의 감소를 가져오고, 나머지 ₩16,000은 지배기업의 이익잉여금의 감소로 반영된다.

2. 2×02년 12월 31일 재고자산의 전기 미실현이익의 실현

■ 내부거래 효과의 분석

종속(주)는 전기에 인식한 매출총이익 ₩20,000을 기초이익잉여금으로 표시하고, 지배(주)는 ₩120,000에 취득한 재고자산을 ₩150,000에 매출하여 ₩30,000의 매출총이익을 인식하였다. 즉, 총 ₩50,000의 매출총이익 중 ₩20,000은 지배(주)의 2×01년도 당기순이익으로 반영되고 나머지 ₩30,000은 종속(주)의 2×02년도 당기순이익에 반영되는 것이다.

그러나 연결실체의 관점에서는 2×01년도에는 실현된 이익이 없으며 2×02년도에 취득원가 ₩100,000의 재고자산이 ₩150,000에 매출된 것이므로 ₩50,000의 이익이 표시되어야 한다. 이때 필요한 연결조정은 지배(주)의 이익잉여금 ₩20,000(①)에 해당하는 지배기업 이익잉여금(₩16,000)과 비지배지분(₩4,000)을 제거하고, 지배(주)의 매출원가를 ₩120,000에서 ₩100,000으로 ₩20,000(②)을 감소시켜 실현시키는 것이다.

부분 연결정산표
2×02년 12월 31일

	지배(주)	종속(주)	단순합계	연결조정	연결재무제표
이익잉여금	₩20,000		₩20,000	①	－
매출		150,000	150,000		₩150,000
매출원가		(120,000)	(120,000)	②	(100,000)

■ 연결조정분개

(차) 이익잉여금	16,000	(대) 매출원가	20,000
비지배지분	4,000		

개념 Plus 미실현이익의 실현은 어떻게 반영될까요?

이는 연결실체의 입장에서 전기의 미실현이익을 당기의 매출원가 감소를 통해 실현시키는 효과를 갖는다. 앞서 설명한 바와 같이 상향판매의 미실현이익은 지배기업의 이익잉여금과 비지배지분으로 안분하므로 지배(주)의 이익잉여금 ₩20,000 중 ₩4,000은 비지배지분으로 대체하여 조정한다.

또한 아래와 같이 종속기업의 당기순이익에 의해 증가된 이익잉여금을 비지배지분으로 대체하는 연결분개를 수행할 때 음영표시된 매출원가(즉, 순액으로 전기 미실현이익의 실현분)를 가산하여 조정하여야 한다.

(차) 이익잉여금	×××	(대) 비지배지분*	×××

* (종속기업의 당기순이익 − 공정가치 조정액의 변동 + 전기 미실현이익의 실현분) × 비지배주주 지분율

[예제 2]의 거래는 종속기업이 지배기업에 재고를 판매하는 상향판매이므로 미실현이익의 제거와 실현의 효과는 지배기업과 비지배지분에 안분하여 귀속된다. 결과적으로 2×01년도 미실현이익의 제거는 2×01년 지배기업의 이익잉여금을 ₩16,000, 비지배지분을 ₩4,000 감소시켜 [예제 1]과 차이가 있다. 마찬가지로 2×02년도 전기미실현이익의 실현은 2×02년 지배기업의 이익잉여금을 ₩16,000, 비지배지분을 ₩4,000만큼 증가시킨다.

모범답안

1 지배력 취득시점(2×01년 1월 1일)의 연결정산표 작성

계정과목	① 지배(주) 별도재무제표	② 종속(주) 재무제표	③ 연결조정분개 차변	③ 연결조정분개 대변	④ 연결재무제표
현금	₩900,000	₩500,000			₩1,400,000
재고자산	1,100,000	500,000			1,600,000
투자주식	4,000,000	−		₩4,000,000	−
토지	2,000,000	1,000,000	₩1,300,000		4,300,000
영업권			1,200,000		1,200,000
자산총계	₩8,000,000	₩2,000,000			₩8,500,000

차입금	₩2,400,000	₩500,000			₩2,900,000
자본금	1,800,000	400,000	₩400,000		1,800,000
자본잉여금	2,500,000	600,000	600,000		2,500,000
이익잉여금	1,300,000	500,000	500,000		1,300,000
부채와자본총계	₩8,000,000	₩2,000,000	₩4,000,000	₩4,000,000	₩8,500,000

2 영업권의 인식

[물음 1]

영업권=지배(주) 투자주식의 취득원가－종속(주) 순자산의 공정가치의 60%

=₩1,000,000－₩1,500,000×60%=₩100,000

[물음 2]

영업권=지배(주)의 지분에 해당하는 영업권+비지배지분에 해당하는 영업권

=(₩1,000,000－₩1,500,000×60%)+(₩650,000－₩1,500,000×40%)

=₩100,000 +₩50,000=₩150,000

3 지배력 취득후 연결포괄손익계산서의 작성: 하향판매내부거래

■ 연결조정분개(20×1년 12월 31일)

① 지배권 취득시점(20×1년 1월 1일)의 연결조정분개: 투자주식과 자본의 상계

(차)	건 물	300,000	(대) 투자주식	1,600,000
	자본금	400,000	비지배지분	360,000
	자본잉여금	600,000		
	이익잉여금	500,000		
	영업권	160,000		

② 공정가치 조정액의 사후처리

(차)	감가상각비*	30,000	(대) 건 물	30,000

* ①의 분개로 반영된 지배권 취득시점(20×1년 1월 1일)의 건물 공정가치의 조정액(₩300,000)을 연결재무제표보고일 현재(20×1년 12월 31일)의 상태로 조정하기 위하여 감가상각비(₩300,000/10년=₩30,000)를 반영한다.

③ 내부거래 및 미실현손익의 제거

(차)	매 출	120,000	(대) 매출원가	100,000
			재고자산	20,000

④ 종속기업 당기순이익의 비지배지분 대체

(차)	이익잉여금	94,000	(대) 비지배지분*	94,000

* 당기에 증가한 종속(주)의 이익잉여금 중 비지배주주의 지분(20%)에 해당하는 금액을 비지배지분으로 대체한다. 이때 당기에 증가한 종속(주)의 이익잉여금은 종속(주)의 당기순이익에

서 연결조정분개에 의해 수정된 부분을 조정하여 계산한다.
(종속(주)의 당기순이익-종속(주)의 건물 공정가치 조정액에 대한 감가상각비)×비지배지분율
=(₩500,000－₩30,000)×20%=₩94,000

■ 연결정산표(20×1년 12월 31일)

계정과목	지배(주) 별도재무제표	종속(주) 재무제표	연결조정분개		연결재무제표
			(차)	(대)	
매출	₩3,000,000	₩2,000,000	(3)120,000		₩4,880,000
매출원가	(2,000,000)	(1,400,000)		(3)100,000	(3,300,000)
감가상각비	(300,000)	(100,000)	(2)30,000		(430,000)
당기순이익	₩700,000	₩500,000	₩100,000*	₩150,000*	₩1,150,000
현금	₩1,500,000	₩900,000			₩2,400,000
재고자산	1,200,000	600,000		(3)20,000	1,780,000
투자주식	1,600,000	－		(1)1,600,000	－
건물	2,000,000	1,000,000	(1)300,000	(2)30,000	3,270,000
영업권			(1)160,000		160,000
총계	₩6,300,000	₩2,500,000			₩7,610,000
차입금	₩2,000,000	₩500,000			2,500,000
자본금	800,000	400,000	(1)400,000		800,000
자본잉여금	1,500,000	600,000	(1)600,000		1,500,000
이익잉여금	2,000,000	1,000,000	(1)500,000 (4)94,000 50,000**		2,356,000
비지배지분				(1)360,000 (4)94,000	454,000
총계	₩6,300,000	₩2,500,000	₩2,354,000	₩2,354,000	₩7,610,000

*손익계산서상에서 당기순이익은 차변(왼편)에 표시되므로 연결조정 분개로 증가되는 경우에는 차변(왼편), 감소되는 경우에는 대변(오른편)에 표기한다.

**연결분개를 통해 차감조정된 당기순이익 ₩50,000(건물 공정가치 차이에 대한 감가상각비＋미실현이익=30,000＋20,000)은 연결정산표상에서 직접 이익잉여금의 차감으로 반영한다.

■ 연결포괄손익계산서

연결포괄손익계산서

지배및종속기업(주) 20×1년 1월 1일 ~ 20×1년 12월 31일 (단위: 원)

매출	₩4,880,000
매출원가	3,300,000
감가상각비	430,000
당기순이익	1,150,000
지배기업의 소유주	1,056,000**
비지배지분	94,000*

* 비지배지분에 귀속되는 당기순이익
=(종속(주)의 당기순이익−종속(주)의 건물 공정가치 조정액에 대한 감가상각비)×비지배지분율
=(₩500,000−₩30,000)×20%=₩94,000

** 지배기업의 소유주에 귀속되는 당기순이익
=연결실체의 당기순이익−비지배지분에 귀속되는 당기순이익
=₩1,150,000−₩94,000=₩1,056,000

4 상향판매내부거래와 연결포괄손익계산서 작성

■ 연결조정분개(20×1년 12월 31일)

① 지배권 취득시점(20×1년 1일 1일)의 연결조정분개: 투자주식과 자본의 상계*

(차)	건 물	300,000	(대) 투자주식	1,600,000
	자본금	400,000	비지배지분	360,000
	자본잉여금	600,000		
	이익잉여금	500,000		
	영업권	160,000		

* [문제 3]의 연결조정분개와 동일하다.

② 공정가치 조정액의 사후처리

(차)	감가상각비*	30,000	(대) 건 물	30,000

* [문제 3]의 연결조정분개와 동일하다.

③ 내부거래 및 미실현손익의 제거*

(차)	매 출	120,000	(대) 매출원가	100,000
			재고자산	20,000

* [문제 3]의 연결조정분개와 동일하다.

④ 종속기업 당기순이익의 비지배지분 대체

(차)	이익잉여금	90,000	(대) 비지배지분*	90,000

* 당기에 증가한 종속(주)의 이익잉여금 중 비지배주주의 지분(20%)에 해당하는 금액을 비지배지분으로 대체한다. 이때 당기에 증가한 종속(주)의 이익잉여금은 종속(주)의 당기순이익에서 영향을 미치는 공정가치 차이조정과 상향판매 미실현이익을 조정하여 계산한다.
(종속(주)의 당기순이익−종속(주)의 건물 공정가치 조정액에 대한 감가상각비−미실현이익)×비지배지분율=(₩500,000−₩30,000−₩20,000)×20%=₩90,000

■ 연결포괄손익계산서

연결포괄손익계산서

지배 및 종속기업(주)	20×1년 1월 1일 ~ 20×1년 12월 31일	(단위: 원)
매출		₩4,880,000
매출원가		3,300,000
감가상각비		430,000
당기순이익		₩1,150,000
지배기업의 소유주		₩1,060,000**
비지배지분		90,000*

* 비지배지분에 귀속되는 당기순이익
=(종속(주)의 당기순이익－종속(주)의 건물 공정가치 조정액에 대한 감가상각비)×비지배지분율
=(₩500,000－₩30,000－₩20,000)×20%=₩90,000

** 지배기업의 소유주에 귀속되는 당기순이익
=연결실체의 당기순이익－비지배지분에 귀속되는 당기순이익
=₩1,150,000－₩90,000=₩1,060,000

제13장 현금흐름표

심화학습

◉ 외화로 표시된 현금및현금성자산의 환율변동효과

현금흐름표는 '현금및현금성자산'에 미치는 영향을 영업활동, 재무활동, 투자활동으로 나누어 분석한 것이다. 즉, 회계연도중 영업활동이 수행된 결과 발생된 손익거래가 상대방 계정과목인 현금및현금성자산의 증감에 어떻게 반영되는지를 보여주고자 하는 것이다. 만일 기업활동과 관련된 일련의 거래 없이 현금및현금성자산이 자체적으로 증감변동한다면 어떻게 될까?

기업이 보유하고 있는 현금및현금성자산에 외화가 포함되어 있다고 가정하면 실제로 현금및현금성자산의 유출입에 영향을 미치는 영업, 재무, 투자거래가 발생하지 않았음에도 불구하고 환율에 의해서 마치 현금및현금성자산이 감소하거나 증가된 것처럼 재무상태표에 표시될 것이다. 따라서 이를 조정해주지 않는다면 영업활동이나 재무활동으로 인하여 현금흐름이 생겨난 것처럼 보일 것이다. 따라서 환율변동으로 인한 외화환산손익을 현금흐름표에서 별도로 고려해주어야 한다. **환율변동으로 인한 외화환산손익**을 현금흐름표에서 어떻게 처리해야 할지 다음 [예제 1]을 통해 살펴보도록 하자.

예제 1 환율변동과 현금흐름

블루(주)의 외화보유현황과 환율은 다음과 같다. 기초시점에 보유한 원화 ₩100,000으로 상품을 현금으로 매입하여, 기말에 ₩130,000에 현금으로 판매한 것이 유일한 거래라고 가정하고, 당기순이익과 영업활동 현금흐름을 구하시오.

[기초]	현금및현금성자산	
	외화 $200(기초환율: 1$ = ₩1,100)	₩220,000
	원화예금	100,000
	합 계	₩320,000
[기말]	현금및현금성자산	
	외화 $200(기말환율: 1$ = ₩1,200)	₩240,000*
	원화예금	130,000
	합 계	₩370,000

*외화환산이익은 $200 × (1,200 − 1,100) = ₩20,000이므로 기말외화잔액은 ₩220,000에서 ₩240,000이 된다.

| 풀이 |

1. 당기순이익은 매출총이익 ₩30,000(₩130,000－₩100,000)에 외화환산이익 ₩20,000을 가산하면 ₩50,000이다.
2. 직접법에 의해 영업활동 현금흐름을 구하면 ₩30,000(₩130,000－₩100,000)이고, 간접법에 의해 영업활동 현금흐름을 구하면 당기순이익 ₩50,000에서 현금의 유입이 없는 수익항목인 외화환산이익을 차감하면 ₩30,000으로 직접법에 의해 구한 결과와 동일하다. 그러나 기초에 비해 기말의 현금및현금성자산은 ₩320,000에서 ₩370,000으로 ₩50,000만큼 증가하였기 때문에 현금흐름의 증가 ₩30,000과 일치하지 않게 되어 조정이 필요하다.

위의 [예제]에서 현금및현금성자산의 기초와 기말의 증감금액과 실제 영업활동, 재무활동, 투자활동 현금흐름의 결과를 조정해주기 위해 현금흐름표 작성시 '현금및현금성자산의 환율변동효과'를 반영하여 다음과 같이 표시한다.

현금흐름표(일부)

1. 영업활동 현금흐름	₩30,000
2. 투자활동 현금흐름	
3. 재무활동 현금흐름	
합 계	30,000
4. 현금및현금성자산의 환율변동효과	**20,000**
5. 현금및현금성자산의 증가	50,000
6. 기초의 현금및현금성자산	320,000
7. 기말의 현금및현금성자산	₩370,000

모범답안

1 현금흐름표 작성

[물음 1]

① 손상차손: 손실충당금 기말 ₩32,000－기초 ₩14,000＝₩18,000

② 감가상각비: 감가상각누계액 기말 ₩41,000－기초 ₩26,000＝₩15,000

③ 재고자산평가손실: 재고자산평가충당금 기말 ₩20,000－기초 ₩8,000＝₩12,000

④ 당기순이익: ₩355,000

[물음 2]

배당금으로 유출된 금액

＝기초의 이익잉여금 ₩33,000＋당기순이익 ₩355,000－기말의 이익잉여금 ₩45,000

＝₩343,000

[물음 3]

영업활동 현금흐름(간접법) = ① + ② + ③ = ₩355,000 + ₩35,000 − ₩42,000 = ₩348,000

① 당기순이익: ₩355,000

② 발생기준 손익항목조정: 손상차손(18,000) + 감가상각비(15,000) + 재고자산평가손실(12,000) − 당기손익금융자산평가이익(10,000) = ₩35,000

③ 영업활동 관련 자산부채 변동: − ₩26,000(매출채권 증가) − ₩30,000(재고자산 증가) − ₩6,000(당기손익금융자산 증가) + ₩4,000(선급비용 감소) + ₩8,000(매입채무 증가) + ₩8,000(미지급비용 증가) = − ₩42,000(현금유출은 '−'로 현금유입은 '+'로 계산하였다)

[물음 4] 현금흐름표 작성

현금흐름표(Cash Flow Statement)

I. 영업활동으로 인한 현금흐름		₩348,000
1. 당기순이익	₩355,000	
2. 발생기준 손익항목조정	₩35,000	
(내역) 손상차손 18,000, 감가상각비 15,000, 당기손익금융자산평가이익(−10,000), 재고자산평가손실 12,000		
3. 영업활동으로 인한 자산 부채의 변동	(42,000)	
(내역) 매출채권 증가(−₩26,000), 재고자산 증가(−₩30,000), 당기손익금융자산 증가(−₩6,000), 선급비용 감소(₩4,000), 매입채무 증가(₩8,000), 미지급비용 증가(₩8,000)		
II. 투자활동으로 인한 현금흐름		₩(75,000)
1. 현금유입:		
2. 현금유출:	₩75,000	
(내역) 기계장치증가 75,000		
III. 재무활동으로 인한 현금흐름		₩(281,000)
1. 현금유입:	₩62,000	
(내역) 단기차입금 증가 51,000, 장기차입금 증가 11,000		
2. 현금유출:	₩343,000	
(내역) 현금배당 343,000		
IV. 현금의 증가(또는 감소: I + II + III)		₩(8,000)
V. 기초의 현금:		₩15,000
VI. 기말의 현금:		₩7,000

2 현금흐름표 작성 종합예제

[물음 1]

■ 매출로부터의 현금유입 = 매출액 − 매출채권 증가 − 선수금 감소: ₩190,000 − (₩7,800 − ₩6,200) − (₩2,000 − ₩1,200) = ₩187,600

■ 매입으로 인한 현금유출 = 매출원가 + 재고자산 증가 + 매입채무 감소: ₩140,400 − (₩6,000 − ₩5,200) − (₩6,200 − ₩5,700) = ₩139,100(단, 여기에서 현금의 유출 규모를 파악하기 위해서는 유출된 경우 '+' 부호로 계산하였다)

[물음 2]

■ 현금으로 지급한 급여 = 급여비용 + 미지급급여의 증가: ₩12,000 − (₩1,300 − ₩1,000) = ₩11,700

■ 현금으로 지급한 보험료 금액 = 보험료비용 + 선급보험료의 증가: ₩8,000 + (₩1,500 − ₩1,000) = ₩8,500

■ 현금으로 지급한 이자비용 금액 = 이자비용 + 사채할인차금의 상각: ₩4,500 − ₩400 = ₩4,100

[물음 3] 간접법에 따른 2×13년도 현금흐름표

영업활동 현금흐름(간접법) = ① + ② + ③ = ₩5,600 + ₩19,500 − ₩900 = ₩24,200

① 당기순이익: ₩5,600

② 투자 및 재무활동 관련 손익: ₩23,500(감가상각비) − ₩1,000(유형자산처분이익) − ₩3,000(이자수익) = ₩19,500

③ 영업활동 관련 자산부채 변동: − ₩1,600(매출채권 증가) + ₩800(재고자산 감소) − ₩500(선급보험료 증가) + ₩500(매입채무 증가) + ₩300(미지급급여 증가) − ₩800(선수금 감소) + ₩400(사채할인발행차금의 감소) = (₩900)

■ 간접법에 의한 현금흐름표 작성

1. 영업활동 현금흐름

당기순이익		₩5,600
조정항목		
감가상각비	₩23,500	
유형자산처분이익	(1,000)	
이자수익*	(3,000)	
매출채권 증가	(1,600)	
재고자산 감소	800	
선급보험료 증가	(500)	

매입채무 증가	500	
미지급급여 증가	300	
선수금 감소	(800)	
사채할인발행차금 상각	400	18,600
영업활동 현금흐름 합계		**₩24,200**

* 이자수익을 투자활동으로 구분하기 위해 차감

2. 투자활동 현금흐름

유형자산의 구입	₩(50,000)
유형자산의 처분*	14,000
이자수익	3,000
투자활동 현금흐름 합계	**₩(33,000)**

* 장부상 처분금액과 유형자산처분이익의 합계

3. 재무활동 현금흐름

주식의 발행	₩10,000
재무활동 현금흐름 합계	**10,000**
당기중 현금의 증가	**₩1,200**

[물음 4] 직접법에 의한 영업활동 현금흐름

매출로부터의 현금유입	₩187,600
매입에 의한 현금유출	(139,100)
급여의 지급	(11,700)
보험료 지급	(8,500)
이자비용 지급	(4,100)
영업활동 현금흐름 합계	**₩24,200**

제14장 재무분석과 기업가치평가

심화학습

◉ 재무비율을 통한 재무제표분석

1. 재무비율분석의 실행

재무분석의 실행과정을 요약하자면, 기업이 공시하는 재무제표를 토대로 동일한 잣대에 올려놓고 재무분석을 하기 위해 계정과목과 배열, 양식을 통일화시킨 다음 이를 기초로 수익성, 유동성, 안정성, 활동성을 나타내줄 수 있는 재무비율을 산출하는 것이 첫 단계 작업이다.

이렇게 산출된 재무비율을 토대로 한 기업의 과거부터 현재에 이르는 일정기간의 비율을 비교하는 추세분석(시계열분석), 당해 기업의 비율을 산업 내 다른 기업과 비교하는 상호비교분석(횡단면분석), 당해 기업의 재무비율을 표준비율 또는 산업평균비율 등과 같은 적절한 벤치마크와 비교하여 분석대상기업의 재무적 성과를 판단하는 두 번째 단계로 이루어진다.

재무상태를 나타내주는 자산, 부채, 자본 항목과 영업성과를 나타내주는 수익, 비용 항목들이 결국 기업의 ① 영업관리 → 수익성, ② 투자관리 → 유동성과 활동성, ③ 재무정책 → 안정성과 레버리지, ④ 배당정책 → 성장성으로 나타나므로, 각 영역에 있어서의 기업정책의 효율성을 이들에 대한 재무비율을 통하여 평가하자는 것이다. 따라서 효과적인 재무분석을 위해서는 재무비율을 산식에 의해 산출하는 과정 그 자체보다는 배후에 있는 사업요소와 수행한 전략과 어떻게 연계되어 있는지 이해하는 것이 중요하다.

다음에서는 기업이 수행한 영업관리 정책의 결과가 집약되어 나타나는 수익성비율부터 차례로 살펴보도록 하자.

2. 수익성분석

(1) 자기자본이익률

기업의 경영성과에 대한 체계적 분석의 출발점이 되는 수익성의 측정지표로서 자기자본이익률(ROE: return on equity)은 경영자가 수익을 창출하기 위하여 주주의 투자자금을 얼마나 잘 이용하였는가를 나타내주는 기업성과의 포괄적·전반적 수익성지표이다.

■ 자기자본이익률: $\text{ROE} = \dfrac{\text{당기순이익}}{\text{자기자본(=자본총계)}}$

■ 자기자본이익률은 어떤 의미가 있을까?

자기자본이익률은 주주들의 입장에서 투자한 자기자본에 대해 모든 비용을 차감하고 난 후의 투자성과인 당기순이익이 차지하는 비율을 말한다. 한마디로 주주의 관점이라는 것을 기억하기 바란다. 그리고 여러분이 주주라면 최소한 얼마 이상이 되어야 한다고 생각하는가? 가장 쉬운 벤치마크로 은행의 정기예금이자율이 3%이며, 여러분이 주주로 있는 회사의 자기자본순이익률이 3% 이하라면, 여러분은 그 회사에 투자하는 대신 은행의 정기예금에 투자하는 것이 더 나을 것이다. 그러니 여러분이 가지고 있는 주식의 가치가 하락하게 될 것이다. 만일 그보다 높다면 주가는 상승하게 될 것이다.

(2) 자기자본이익률의 분해: 전통적 접근방법

왜 재무비율을 분해하여 보는 것일까? 그 이유는 앞에서도 설명한 바와 같이 재무비율 배후에 있는 사업요소와 수행한 전략을 구체적으로 연관시켜 분석하기 위함이며, 심층분석을 위한 실마리를 찾는 데 도움을 주기 때문이다.

■ 총자산이익률(ROA)과 재무레버리지

기업의 ROE는 두 가지 요소에 의해 영향을 받는다. 하나는 기업이 투자한 자산을 얼마나 잘 이용하여 당기순이익을 가져왔는지를 말하는 총자산이익률(ROA: return on assets)로서, 기업이 투자하고 있는 자산 단위당 얼마의 순이익을 창출할 수 있는지를 나타낸다. 다른 하나는 자금조달 원천의 측면에서 주주들이 투자한 자기자본에 비해서 타인자본의 비중이 얼마나 큰지를 나타내주는 재무레버리지로서 자기자본과 타인자본을 더한 총자본을 자기자본으로 나누어 구할 수 있다.

■ 자기자본이익률: $\text{ROE} = \text{ROA} \times \text{재무레버리지} = \dfrac{\text{당기순이익}}{\text{총자산}} \times \dfrac{\text{총자산(=총자본)}}{\text{자기자본}}$

위와 같이 자기자본이익률을 분해한 결과 총자산이익률(ROA)과 재무레버리지가 상승되어야 ROE가 증가됨을 알 수 있다. 여기에서 총자산이익률(ROA)은 다시 다음과 같이 두 요소로 분해될 수 있다.

■ 총자산이익률의 분해(매출액순이익률과 총자산회전율)

■ 총자산이익률: $ROA = \frac{당기순이익}{매출액} \times \frac{매출액}{총자산}$

총자산이익률은 ① 매출액순이익률과 ② 총자산회전율의 두 가지 요소로 분해할 수 있다. 이때 매출액에 대한 당기순이익의 비율은 매출액순이익률(ROS: return on sales)이라고 하며, 매출액 단위당 얼마의 당기순이익을 남길 수 있는지를 나타낸다. 물론 이 비율이 증가되어야 총자산이익률(ROA)이 증가된다. 그렇다면 어떻게 해야 매출액순이익률이 증가될 수 있는지를 분해과정을 통해 살펴보자.

① 매출액순이익률

먼저 매출액순이익률은 매출액을 기준으로 당기순이익이 창출되는 과정과 경영활동의 효율성을 측정하기 위한 비율로 다음과 같이 3요소로 분해된다.

■ 매출액순이익률(ROS) $= \frac{매출총이익}{매출액} \times \frac{영업이익}{매출총이익} \times \frac{당기순이익}{영업이익}$

■ 매출총이익률

첫 번째 구성요소인 매출총이익률은 $\left(\frac{매출총이익}{매출액}\right)$으로 산출되며, 매출원가의 비중이 낮으면 낮을수록 이 비율은 커진다. 즉 판매하는 품목 자체의 수익성을 판단하거나 생산활동의 효율성을 평가하는 데 이용된다. 왜냐하면 동일한 조건이라면 생산원가나 구매원가를 낮출 수 있을 때 이 비율을 높일 수 있기 때문이다.

■ 영업이익률

두 번째 구성요소인 영업이익률은 $\left(\frac{영업이익}{매출총이익}\right)$으로 산출된다. 매출총이익에서 판매비와관리비를 차감하면 영업이익이 산출된다. 영업이익을 크게 하려면 판매비와관리비를 절감하거나 효율적으로 사용해야 한다. 즉, 판매비와관리비를 적게 사용하면서 영업이익을 크게 하려면 판매활동 또는 회사조직의 일반관리활동이 효율적으로 이루어져야 하므로 판매부문 또는 관리부문의 효율성을 평가하기 위한 지표로 이용된다.

■ 당기순이익률

세 번째 구성요소인 당기순이익률은 $\left(\frac{당기순이익}{영업이익}\right)$으로 산출된다. 영업이익에서 영업외비용과 법인세비용을 차감하면 당기순이익이 산출되므로, 당기순이익을 크게 하려면 영업외비용과 법인세비용을 절감하거나 효율적으로 사용해야 한다. 즉 영업외비용의 주요 항목인 이자비용을 낮추기 위해서는 자금조달비용을 낮추어야 하며, 법인세비용을 낮추기 위해서는 합리적인 절세방안을 강구해야 한다. 따라서 영업이익에 비추어 당기순이익을 크게 하려면 재무활동, 회계・경리활동이 효율적으로 이루어져야 하므로 이들 부문의 효율성을 평가하기 위한 지표로도 활용될 수 있다.

결국 매출액순이익률을 높이기 위해서는 이 세 가지 구성요소비율을 높여야 한다는 전략적 사고를 가능하게 해주며 이러한 관점에서 사업요소와 수행한 전략을 평가할 수 있게 된다.

② 총자산회전율

총자산에 대한 매출액비율을 총자산회전율이라고 하며, 이는 기업이 일정 매출액을 실현하는 데 얼마를 투자하고 있는지를 나타내는 대표적인 활동성비율이다. 가령, 1억원의 매출을 올리기 위해 10억원의 설비투자를 해야 하는 경우(= 총자산회전율은 0.1)와 2억원의 설비투자를 해야 하는 경우(= 총자산회전율은 0.5) 어떤 차이가 있을까? 쉽게 생각하면, 투자를 위해 10억원을 조달하는 데 소요되는 자본비용이 2억원을 조달할 때에 비하여 훨씬 더 크다는 점이다.

이번에는 분모인 총자산의 관점에서 생각해보자. 만약 10억원을 투자해서 커피전문점을 오픈했다고 하자. 이 투자액으로 얼마나 많은 고객이 방문하여 매출을 실현시켜주었는지 여부에 이 사업의 성패가 달려 있을 것이다. 이 경우 10억원의 매출을 올린 경우라면그 비율은 1인 데 반하여, 30억원의 매출을 가져왔다면 3배의 승수로 총자산이익률(ROA)의 증가에 기여할 수 있다.

(3) 전통적 접근방법에 의한 자기자본이익률의 분해결과

전통적 접근방법에 의한 자기자본이익률의 분해과정을 정리하면 자기자본이익률(ROE)은 다음과 같이 나타낼 수 있다.

$$\blacksquare\ \text{자기자본이익률(ROE)} = \underbrace{\left[\frac{\text{매출총이익}}{\text{매출액}} \times \frac{\text{영업이익}}{\text{매출총이익}} \times \frac{\text{당기순이익}}{\text{영업이익}}\right]}_{\text{① 영업 · 관리활동의 효율성}}$$

$$\times \underbrace{\left[\frac{\text{매출액}}{\text{총자산}}\right]}_{\text{② 투자효율성 · 활동성}} \times \underbrace{\left[\frac{\text{총자산(=총자본)}}{\text{자기자본}}\right]}_{\text{③ 재무레버리지}}$$

(4) 새로운 접근방법에 의한 수익성의 분해

이러한 접근방법이 기업의 ROE를 분해하는 데 널리 사용되고 있지만 재무제표 항목들의 성격을 고려하여 조금 더 정교하게 발전시켜보고자 하는 것이 새로운 접근방법의 목적이다. 이러한 방법을 통하여 재무비율에 영향을 미치는 요소와 기업의 정책을 직접 연계하여 분석할 수 있는 유용함을 얻을 수 있다. 이를 위해 재무상태표와 포괄손익계산서의 항목을 '영업활동'과 '재무활동'으로 구분하여 살펴볼 필요가 있다.

■ 재무상태표 항목에 대한 고려

먼저 총자산을 구성하는 항목을 영업자산과 재무자산으로 구분한다. 영업자산은 영업활동에 직・간접으로 투자되어 사용되는 자산으로 매출채권, 재고자산, 유・무형자산 등이 포함된다. 재무자산에는 여유자금을 운용하기 위해 보유하는 유가증권, 대여금 등의 금융자산이 포함된다.

마찬가지로 부채에 대해서도 영업활동에 수반하여 발생하는 매입채무, 미지급비용과 같이 명시적으로 이자비용과 같은 고정비 부담이 없는 영업부채와 나머지 이자비용을 부담하여야 하는 차입금, 사채 등의 재무부채로 나눌 수 있다. 이때 기업이 재무자산을 보유하고 있다면 그 금액만큼은 언제든 부채를 상환할 여력이 있다고 볼 수 있기 때문에 재무레버리지 산출을 위해서는 재무부채에서 재무자산을 차감한 **순재무부채**의 개념이 더 적합하다.

■ 포괄손익계산서 항목에 대한 고려

기업의 경영성과로서 당기순이익에는 제품시장전략에 따른 영업관리 성과뿐만 아니라, 금융시장전략에 따른 재무의사결정의 결과인 이자수익과 이자비용 등의 기타수익이 포함되어 있다. 따라서 이제부터는 당기순이익에서 영업관리 성과로 나타날 '영업이익'과 재무활동으로 인한 이자비용에서 이자수익을 차감한 '순이자비용'으로 구분하기로 한다.

이 경우 이자비용에 대해서는 법인세 절감효과까지도 고려할 필요가 있다. 왜냐하면 이자비용이 과세소득 계산에 손금으로 반영되므로 그만큼 세금을 적게 내는 효과를 가져다주기 때문이다. 따라서 **세절감효과**를 고려한다면 원래의 이자비용에서 이자비용이 손금에 반영됨으로써 줄어들게 된 세금을 차감한 기준으로 실제 이자비용을 부담하게 되며, 이를 세후이자비용이라 한다.

예제 1 **세후이자비용의 계산(Ⅰ)**

클린(주)와 블루(주)의 영업이익은 1,000만원으로 동일하나, 블루(주)는 재무부채로 인하여 이자비용이 600만원이라고 하며, 세율은 20%라고 가정한다. 이때 영업이익과 이자비용을 따로 생각한다면, 클린(주)의 경우 영업이익 1,000만원에 대해 20%의 세금을 차감하면 당기순이익이 800만원이 될 것이다. 블루(주)는 여기에 추가하여 600만원의 이자비용을 부담하게 되므로 당기순이익은 200만원이 된다. 과연 이같은 계산논리가 타당한가?

| 풀이 |

- 블루(주)의 이자비용은 별개의 비용으로 당기순이익을 구하는 과정에서 영업이익에서 차감되는 것이 아니다. 영업이익에서 먼저 이자비용이 차감되고 난 후에 과세대상이 되므로 결국 이자비용에 해당하는 600만원만큼 과세대상 이익이 줄어드는 효과를 가져오게 된다. 따라서 법인세비용차감전순이익(즉, 과세대상)은 400만원(=영업이익 1,000만원−이자비용 600만원)이 되어 여기에 20%의 세율을 적용하게 되면 80만원의 세금을 부담하고 나면 당기순이익은 320만원이 된다.
- 영업이익과 이자비용을 따로 생각한다면 블루(주)는 영업이익 1,000만원에 대해 20%의 세금을 차감하면 800만원의 세차감후영업이익이 되며, 여기에서 세후이자비용 480만원(이자비용은 600만원이지만, 600만원에 대한 세금절감효과 120만원(=600만원×20%)을 고려한 후)을 차감하면 당기순이익은 동일하게 320만원이 된다.

위의 예제를 통하여 이자비용의 세절감효과를 학습했으니 여기에 추가하여 이자수익이 있는 경우를 살펴보도록 하자.

예제 2 **세후순이자비용의 계산(Ⅱ)**

클린(주)의 영업이익은 1,000만원, 재무부채로 인한 이자비용이 600만원, 재무자산으로 인한 이자수익이 400만원, 세율은 20%라고 가정한다. 이때 순이자비용은 200만원(=이자비용 600만원 − 이자수익 200만원)이며, 여기에 대해서도 20%의 세절감효과 40만원(=200만원×20%)을 고려하여 160만원을 순이자비용으로 볼 수 있을까?

| 풀이 |

- 이자수익과 이자비용만을 따로 떼어 놓고 생각해보자. 이자수익에 대해서는 20%의 세율을 적용하면 400만원×(1−20%)=320만원의 세후이자수익이 산출된다. 이자비용에 대해서는 세절감효과를 고려하면 600만원×(1−20%)=480만원의 세후이자비용을 부담하게 된다. 그러니 이자수익과 이자비용을 통틀어 160만원의 재무비용 부담을 가져오게 되므로 이를 순이자비용으로 볼 수 있다.

- 이제 당기순이익을 구해보도록 하자. 법인세비용차감전순이익은 800만원(=영업이익 1,000만원+이자수익 400만원-이자비용 600만원)이며, 여기에 세율 20%를 적용하여 차감하면 당기순이익은 640만원으로 산출된다.
- 영업이익과 순이자비용으로 구분하여 계산하면, 영업이익 1,000만원에 세율 20%를 적용하면 세후순영업이익은 800만원이며, 여기에서 세후순이자비용 160만원을 차감하면 당기순이익은 동일하게 640만원이 된다.

① 세후순영업이익(NOPAT: net operating profit after tax)

앞에서 설명한 대로 당기순이익에는 영업활동과 재무활동의 성과가 포함되어 있기 때문에 이를 분리해내기 위하여 세후순영업이익과 세금을 고려한 순재무비용(이자비용에서 이자수익을 차감한)으로 나누어 당기순이익이 산출되는 구조를 [예제 2]를 통해 학습한 바 있다. 재무분석에서는 세후순영업이익의 개념이 특히 중요하며, 이를 흔히 'NOPAT'으로 표기한다는 것을 기억하기 바란다. 그리고 세후순영업이익, 세후순재무비용, 당기순이익의 관계는 다음과 같이 요약하여 표시할 수 있다.

- 당기순이익 = 세후순영업이익(NOPAT) − 세후순재무비용

다음의 예제를 통해서 세후순영업이익, 세후순재무비용, 당기순이익의 관계를 구체적으로 살펴보도록 하자.

예제 3 세후순영업이익, 세후순재무비용, 당기순이익의 관계

다음 자료를 통하여 당기순이익이 영업활동의 성과와 재무활동의 성과가 통합되어 산출된다는 것을 산식으로 나타내보이시오.

손익계산서상의 당기순이익		세후순영업이익		세후순이자비용	
매출액	1,000	매출액	1,000		
매출원가	−600	매출원가	−600		
판매비와관리비	−150	판매비와관리비	−150		
이자수익	+50			이자비용	100
이자비용	−100			이자수익	50
법인세차감전순이익	200	법인세차감전순이익	250	세전순이자비용	50
법인세(세율 30%)	60	법인세(세율 30%)	75	세절감액	15
당기순이익	140	세후순영업이익	175	세후순이자비용	35

| 풀이 |
당기순이익(140) = 세후순영업이익(175) − 세후순이자비용(35) 또는
세후순영업이익(175) = 당기순이익(140) + 세후순이자비용(35)

지금까지 새로운 접근방법을 위한 준비를 한 것이며, 핵심은 재무제표의 항목들을 재무정책과 영업정책과 관련된 것으로 구분한 다음 재무분석에 착수한다는 것이다. 이런 관점에서 재무분석에 필요한 몇 가지 항목들을 재분류하여 정리하면 다음 [표]와 같다.

▌표▐ 새로운 접근법의 재무비율분석에 사용될 항목

항 목	정 의
세후순이자비용	(이자비용 − 이자수익) × (1 − 법인세율*)
세후순영업이익(NOPAT)	당기순이익 + 세후순이자비용
재무부채	이자비용이 수반되는 부채(차입금, 사채 등)
순재무부채	이자비용이 수반되는 부채(차입금, 사채 등) − 재무자산(금융자산 등)
영업투하자본(순자산)	영업자산(총자산 − 재무자산) − 영업부채(매입채무, 미지급금 등) 또는 순재무부채 + 자기자본
세후유효이자율	세후순이자비용/순재무부채

* 법인세율은 편의상 포괄손익계산서의 '법인세비용/법인세비용차감전순이익'으로 산출

이제 영업활동과 재무활동을 구분하는 새로운 접근법으로 자기자본순이익률(ROE)을 분해하면 다음과 같다.

■ 자기자본순이익률:
$$ROE = \frac{NOPAT}{자기자본} - \frac{세후순이자비용}{자기자본}$$
$$= \frac{NOPAT}{영업투하자본} \times \frac{영업투하자본}{자기자본} - \frac{세후순이자비용}{순재무부채} \times \frac{순재무부채}{자기자본}$$
$$= \frac{NOPAT}{영업투하자본} \times \left(1 + \frac{순재무부채}{자기자본}\right) - \frac{세후순이자비용}{순재무부채} \times \frac{순재무부채}{자기자본}$$
$$= 영업ROA + (영업ROA - 세후유효이자율) \times 순재무레버리지$$
$$= \mathbf{영업ROA + (spread) \times 순재무레버리지}$$

새로운 접근법의 자기자본순이익률(ROE)을 산출하는 첫 번째 요소는 세후순영업이익을 영업투하자본으로 나눈 **영업ROA**이다. 이는 기업이 영업이익을 창출하기 위하여 영업투하자본을 얼마나 수익성 있게 사용하고 있는지에 대한 측정치이며, 앞에서 배운 총자

산이익률(ROA: 당기순이익/총자산)과는 달리 영업활동의 성과를 보다 정교하게 분석할 수 있도록 해준다.

두 번째 요소는 **스프레드**(spread)이며, 이는 영업활동을 통해 창출한 세후순영업이익이 이자비용을 초과하는 정도를 나타낸다. 이 스프레드가 크면 클수록 주주에게 귀속될 당기순이익의 몫이 커지게 되는데 그냥 커지는 것이 아니라 순재무레버리지의 배수만큼 확대되어 나타난다.

결론적으로 영업관리정책의 성과로 영업ROA가 세후유효이자율보다 크게 나타난다면 주주의 관점에서는 자기자본이익률을 크게 하기 위해서 부채비율을 높게 가져가는 재무정책이 효과적이라는 것을 말해준다.

② 영업ROA의 분해(NOPAT율과 영업투하자본회전율)

영업ROA는 다음과 같이 NOPAT율(세후순영업이익/매출액)과 영업투하자본회전율(매출액/영업투하자본)로 다시 분해될 수 있다.

$$\blacksquare\ \text{영업ROA} = \frac{\text{NOPAT}}{\text{매출액}} \times \frac{\text{매출액}}{\text{영업투하자본}}$$

여기에서 NOPAT율은 영업활동의 관점에서 기업의 매출이 얼마나 수익성에 기여하고 있는지를 보여주는 측정치이다. 영업투하자본회전율은 기업이 일정 매출액을 실현하는데 얼마의 영업자본을 투자하고 있는지를 나타내는 활동성비율이다. 이를 분모인 영업투하자본의 관점에서 생각해보면 단위당 투하자본이 얼마나 매출에 기여하고 있는지를 보여준다.

한편 기업의 영업ROA가 적절한 수준인지 여부는 영업투하자본을 위해 조달된 자금의 원천으로 자기자본과 타인자본의 **가중평균자본비용**(WACC: weighted average cost of capital)과 비교해 볼 수 있다. 만일 영업ROA가 가중평균자본비용보다 크다면 영업활동의 성과가 양호한 상태에서 재무레버리지의 승수효과까지 결합되어 자기자본이익률을 끌어올려 주가는 상승하게 될 것이다.

③ NOPAT율과 EBITDA율(NOPAT margin and EBITDA margin)

NOPAT율이란 세후순영업이익을 매출액으로 나눈 비율이다. 앞에서는 당기순이익을 매출액으로 나눈 매출액순이익률의 지표가 기업활동의 효율성, 즉 생산, 영업, 재무 및 경리 활동의 효율성이 결합되어 나타난 종합적인 결과를 보여준다는 것을 설명한 바 있다. 반면, NOPAT율은 영업관리 활동만을 집약시켜 성과를 보여주기 때문에 기업의 영업관리 정책에 포커스를 맞추어 분석할 수 있는 이점이 있다.

한편 영업이익에서 영업관리 정책과 직접 관련이 없는 법인세, 금융비용 등을 차감하여 당기순이익이 산출되므로 이를 차감하기 전 단계의 금액으로 영업성과를 평가하려는 시도에서 개발된 수익성 지표가 'EBITDA'이다. 이때 감가상각비와 무형자산의 상각비도 영업활동과 관련하여 발생하는 비용이므로 영업이익에서 차감되어야 당기순이익이 산출되지만 이들 비용은 현금이 직접 유출되지 않기 때문에 오히려 이로운 비용이라고 할 수 있다.

이같은 관점에서 이들 항목이 판매비와일반관리비에 포함되어 있더라도 재무분석을 위해서는 이같은 비용을 차감하기 전의 상태로 되돌려 놓을 필요가 있다. 따라서 다음과 같이 EBITDA를 재구성할 수 있다.

■ EBITDA = 당기순이익 + 법인세(차감전으로 되돌려 놓음) + 금융비용(차감전으로 되돌려 놓음) + 유・무형자산 상각비(차감전으로 되돌려 놓음)

한편 EBITDA율이란 EBITDA를 매출액으로 나눈 것인데 NOPAT율과 같이 영업활동의 성과에 관한 정보를 제공한다는 측면에서는 유사하지만, 영업활동으로 인한 현금흐름을 보다 더 잘 나타내 줄 수 있다는 장점이 있다. 결론적으로 핵심 경영활동으로 인한 수익성을 나타내준다는 측면에서 세후순영업이익률(NOPAT율)과 EBITDA율 모두 성과평가의 유용한 지표가 될 수 있다.

■ NOPAT율 $= \frac{\text{NOPAT}}{\text{매출액}}$ ■ EBITDA율 $= \frac{\text{EBITDA}}{\text{매출액}}$

3. 유동성분석과 유동부채의 상환능력분석

지금까지는 기업의 생존과 직결되는 수익성을 분석하는 데 초점이 맞추어져 있었다. 왜냐하면 아무리 좋은 제품과 서비스를 제공하는 기업이라도 손해를 보는 상태라면 문을 닫을 수밖에 없기 때문에 일단 수익성은 확보되어야 한다는 것이다. 그렇지만 기업의 현실은 수익성이 확보되었다고 전부 해결되는 것은 아니다. 바로 유동성 문제가 해결되어야 한다. 유동성이란 한마디로 영업활동이나 투자활동을 위해 사용할 수 있는 현금성자산이 확보되어 있는지를 가늠해볼 수 있는 지표를 말한다.

만일 1억원의 상품을 외상으로 매입하여 1억 5천만원에 외상으로 판매한 경우 5천만원의 이익이 남아 수익성은 아주 양호하지만, 거래에 수반되는 현금부족으로 인하여 급료, 전기·통신비, 판매수수료 등을 지급할 수 없는 심각한 상태에 직면할 수 있기 때문이다.

유동성에 대한 보다 구체적인 분석은 재무상태표 작성일 기준으로 1년 내에 만기가 다가오는 유동부채를 갚을 수 있는 능력이 확보되어 있는지를 살펴보는 것이다. 만일 그렇지 못하다면 개인이면 신용불량, 기업이면 부도사태에 직면하기 때문이다.

이와 같이 기업의 단기지급능력을 분석하기 위해 사용하는 재무비율에는 대표적으로 **유동성비율**과 **활동성비율**을 들 수 있다. **활동성비율**은 수익성비율을 심층적으로 분석하는 경우에도 활용할 수 있으며 다음 절에서 보다 구체적으로 설명한다. 기업의 유동부채와 관련된 위험을 평가하고, 유동성을 분석하는 데 유용하게 사용되는 유동성비율에는 **유동비율**, **당좌비율**, **현금비율**, **영업현금흐름비율**이 있다.

■ 유동비율 $= \dfrac{\text{유동자산}}{\text{유동부채}}$

■ 당좌비율 $= \dfrac{(\text{현금 및 금융자산} + \text{매출채권})}{\text{유동부채}}$

■ 현금비율 $= \dfrac{(\text{현금} + \text{금융자산})}{\text{유동부채}}$

■ 영업현금흐름비율 $= \dfrac{\text{영업활동으로 인한 현금흐름}}{\text{유동부채}}$

위의 유동성비율 중 처음 세 개 비율은 유동부채와 이를 상환하는 데 사용될 수 있는 유동자산의 구성항목을 세분해서 비교하는 것이며, 네 번째 비율은 유동부채를 상환하는 데 필요한 현금을 창출하는 영업활동의 능력에 초점을 맞춘 것이다.

(1) 유동비율(current ratio)

유동자산과 유동부채는 거의 동등한 만기를 가지고 있기 때문에 유동비율은 기업의 단기유동성의 주요 지표이다. 분석가의 시각에서 유동자산으로부터 실현될 현금으로 유동부채를 상환할 수 있음을 나타내기 위해서는 유동비율이 1 이상은 되어야 한다. 그러나 유동비율이 1을 넘더라도 유동자산 중에서 정상적 판매과정을 거치지 않고서는 현금화가 쉽지 않은 재고자산이 상당한 비중을 차지하고 있다면 유동성문제에 직면할 수 있다. 하지만 식품·소매업과 같이 유동자산이 높은 회전율을 보여주는 기업들은 유동비율이 1 이하로 내려갈 여지가 있다.

또 다른 측면에서는 유동비율이 커지기 위해서는 유동자산을 상대적으로 많이 보유하고 있어야 하는데, 그렇게 되면 경영자의 입장에서는 자산을 효율적으로 이용하고 있지 못하다는 신호가 될 수 있다. 왜냐하면 유동비율이 높다는 것은 그만큼 수익성이 떨어지는 유동자산, 예를 들면 매출채권·재고자산 등을 많이 보유하고 있다는 것을 의미하기 때문이다. 한편 기말에 측정된 유동비율이 기업의 연중 유동성을 나타내는 것은 아니므로 운전자금의 실제 보유금액과 함께 평가하는 것이 바람직하다.

(2) 당좌비율(quick ratio)

유동비율은 기업이 유동부채를 상환할 수 있는 능력을 나타내지만 유동자산의 구성요소에 따라 단기유동성에 차이가 날 수 있다. 유동자산 속에는 현금과 예금, 매출채권, 금융자산 그리고 재고자산이 포함된다. 따라서 유동자산을 구성하는 항목 중 생산 또는 판매과정을 거쳐야 하고, 현금화에 불확실성이 있는 재고자산을 제외한 당좌자산만을 가지고 유동성을 분석하자는 것이다. 비록 유동비율이 높다고 하더라도 재고자산이 큰 비중을 차지하고 있으며, 판매가 부진할 경우 재고자산의 현금화에 소요되는 기간은 상당히 길어지게 되므로, 유동비율만으로 유동성을 평가하는 것은 위험하기 때문이다.

이를 보완하기 위해 현금화되기 쉬운 자산으로 유동부채를 상환할 수 있는 기업의 능력을 당좌비율과 현금비율로 판단하는 것이 요구된다. 이때 수취채권을 현금화되기 쉬운 자산으로 가정한다고 하더라도 고객의 신용도가 의문시되거나 수취채권이 단기간 내에 회수되지 않는 산업이라면 심층 분석이 필요하다.

(3) 현금비율

당좌비율을 분석하는 과정에서 유동부채의 상환능력을 판단하기 위한 당좌자산의 구성항목 중 수취채권에 대해 거래 상대방의 상환능력에 심각한 문제가 있거나 상당한 불확실성이 있을 경우에는 수취채권을 포함시키는 것이 타당하지 않다. 이러한 경우에는 현금과 단기금융상품만을 고려한 현금비율이 금융경색과 같은 위기상황에서 유동부채를 상환할 수 있는 기업의 능력을 가늠해볼 수 있는 보다 나은 지표가 될 수 있다.

(4) 영업현금흐름비율

영업현금흐름비율은 앞의 제13장에서 배운 현금흐름표에서 산출한 영업활동으로 인한 현금흐름이 유동부채를 상환할 만큼 충분한지를 살펴볼 수 있는 보다 정교한 기업의 현금창출능력에 대한 지표로 사용된다. 왜냐하면 이 비율은 유동부채를 상환하는 데 필요한 자금을 창출하는 영업활동의 능력에 초점을 맞추고 있기 때문이다.

4. 재무위험과 레버리지의 분석

지금까지는 단기적인 유동성과 만기가 1년 내에 다가오는 유동부채의 상환능력을 분석 하기 위한 것이었다. 이번에는 만기가 비교적 장기인 비유동부채까지 그 범위를 확대하여 부채에 대하여 원금상환과 이자부담이라는 재무위험뿐만 아니라, 레버리지효과라는 유리한 측면도 있다는 양면성을 설명하려 한다.

기업이 주식을 발행하여 자금을 조달하는 방법과 비교하여 부채로 자금을 조달하는 이유를 어느 정도는 알고 있어야 부채의 양면성을 제대로 분석할 수 있다. 그렇다면 기업이 부채로 자본을 조달하는 경우의 경제적 효익은 무엇일까?

- 채권자에 대하여 사전에 원금과 이자 등의 지급조건을 약속하므로 상대방에게 명시적인 수익률을 달성할 수 있도록 해주기 때문에 일반적으로 자기자본비용보다 저렴하다. 여기에서 자기자본비용이란 주식을 발행하여 자금을 조달하여 영업활동에 투자한 경우 주주들이 기대하는 최소한의 영업성과로 간단히 자기자본이익률(ROE)을 생각해볼 수 있다. 만일 이 기대수준을 만족시켜주지 못하면 주주들 자신들의 투자성과가 미흡한 것으로 판단하여 다른 투자대안을 찾아 주식을 팔고 떠날 것이기 때문에 주가는 하락하게 될 것이다. 즉 최저필수수익률 또는 자기자본이익률(ROE)을 자본비용으로 볼 수 있다.
- 이자비용은 앞에서와 같이 세금을 적게 내는 효과를 가져와 실질적인 이자비용부담은 명시적인 이자비용보다 줄어든다. 그러나 주주에 대한 배당은 이익의 처분으로 비용이 아니므로 과세대상이익을 줄여주지 못한다.
- 자본을 조달하기 위하여 주식시장 전체를 대상으로 기업 내부의 고유한 정보라든지 전략 또는 미래에 대한 전망에 관한 정보를 전달하여 투자를 권유하는 것보다는 금융기관의 대출창구를 통하여 직접 정보를 전달하고 설득하는 것이 보다 수월한 경우도 있다.
- 차입금 조달정책은 부수적으로 기업경영에 있어 이자비용과 원금을 상환해야 한다는 긴장감을 유지하도록 하고, 그로 인하여 낭비적 지출을 줄이도록 유도한다.
- 인플레이션 시기에는 채권자보다는 채무자의 입장에 서는 것이 유리하다.

물론 이러한 이유로 인하여 기업은 적어도 어느 정도 차입금을 사용하는 자본구조가 유리하다고 할 수 있겠지만, 과도하게 타인자본에 의존하면 영업활동 성과가 부진할 경우 원금과 이자를 지급할 수 없는 재무적 위기에 직면할 수도 있다. 이러한 상황에 대비하여 채권자나 금융기관은 차입계약 당시의 여러 계약조항을 통하여 기업의 영업, 투자 및 재무의사결정을 제한하기도 한다.

그렇다면 과연 어느 정도까지 타인자본, 즉 부채에 의존하여야 하는가? 기업의 자기자본과 타인자본을 어떻게 잘 조합하여야 할지는 주로 영업위험에 의해 결정된다. 경쟁이 치열하지 않거나 기술변화의 위험이 없는 경우라면 일반적으로 기업의 현금흐름을 예측하기는 용이하다. 이러한 기업의 영업위험은 비교적 낮고 타인자본조달에 상당부분 의존하더라도 큰 무리는 없다. 반대로 영업현금흐름이 지극히 가변적이며 자본지출 수요에 대한 예측이 불가능한 경우라면 전적으로 자기자본조달에 의존하는 것이 안전하다. 이 경우에도 위험과 재무탄력성에 대한 경영자의 태도 역시 기업의 차입정책에 영향을 미칠 수 있다.

이러한 관점에서 차입금, 사채 등과 같이 이자를 부담해야 하는 금융부채와 매입채무, 미지급금, 미지급비용, 충당부채 등과 같은 명시적으로 이자비용이 수반되지 않는 영업부채를 구분하는 것이 중요하다. 그리고 부채가 늘어남에 따라 고정적으로 원금상환과 이자비용을 부담해야 하는 압박도 커지지만, 이와 더불어 레버리지효과도 증가되기 때문에 기업의 재무정책의 적절성을 평가하기 위한 비율분석이 중요하다. 여기에서는 부채비율과 이자보상비율로 나누어 설명한다.

- 부채비율 $= \dfrac{\text{총부채}}{\text{자기자본}}$ ■ 부채구성비율 $= \dfrac{\text{부채}}{\text{총자본}}$
- 차입금비율 $= \dfrac{(\text{단기차입금} + \text{장기차입금})}{\text{자기자본}}$
- 순재무부채비율 $= \dfrac{(\text{단기차입금} + \text{장기차입금} - \text{재무자산})}{\text{자기자본}}$

(1) 부채비율

장기지급능력과 레버리지를 분석하기 위한 재무비율은 위에 제시한 산식에서와 같이 분석의 시각에 따라 분자와 분모의 항목을 다양하게 조합하여 산출하기도 하지만, 크게 부채비율과 부채구성비율로 나누어 살펴볼 수 있다.

■ 부채비율

기업의 부채총액을 자기자본으로 나누어 산출한 부채비율은 타인자본과 자기자본을 비교하여 채권자의 회수가능성과 주주의 투자규모에 비추어 기업이 타인자본으로 얼마를 차입했는지를 가늠할 수 있게 해준다. 가령, 부채비율이 75%라면 1,750억원의 자산을 투자하기 위하여 750억원은 부채로 조달하고 1,000억원은 자기자본으로 조달했음을 말한다. 따라서 1,000억원까지는 영업활동이 부진하여 당기순손실이 발생한다고 하더라도 자기자본에서 차감될 것이므로(즉, 자본잠식), 750억원 상당의 자산은 남아 있기 때문에 채권자의 입장에서는 일종의 안전여유(즉 쿠션, cushion)를 갖고 있는 셈이다.

■ 부채구성비율

부채구성비율은 부채비율을 산출하는 과정에서 분모인 자기자본은 적자가 누적되어 자본잠식된 기업에서는 자기자본이 음수(−)로 나타나기 때문에 자기자본 대신 총자본 또는 총자산을 분모로 이용하기도 하는데 부채비율과 동일한 의미로 사용된다.

■ 이자보상비율(이익기준) $= \dfrac{\text{영업이익(순이익}^{*} + \text{순이자비용} + \text{법인세비용)}}{\text{이자비용}}$

* 순이익 = (영업이익−순이자비용)−법인세비용이므로, 이를 정리하면 영업이익 = 순이익+순이자비용+법인세비용

■ 이자보상비율(현금흐름기준) $= \dfrac{\text{영업활동에서 창출된 현금}}{\text{이자비용}}$

(2) 이자보상비율

기업의 총자본에서 부채가 차지하는 비중이 높을수록 순이익의 변동률이 크게 되고 보통주와 관련된 재무적 위험도 증가된다. 그렇다고 하더라도 부채비율이 높다고 항상 나쁜 것만은 아니라는 것을 레버리지효과를 통해 알 수 있었다. 그렇다면 어느 정도까지의 부채비율이면 괜찮을 것인가?

우선 손익계산서상에서 영업이익이 이자비용을 충당하기에 충분한가를 살펴보는 것이고, 또 다른 방법은 현금흐름표에 나타난 영업활동으로 인한 현금과 이자비용을 비교해 보면 될 것이다. 결국 레버리지효과를 통해 수익성을 개선하고자 하는 경우나 인플레이션하에서 채무자에게 유리한 경제적 효과를 얻기 위해 부채비율이 높은 경우라면 이자비용을 충분히 감당해낼 수 있는지를 분석하기 위한 재무비율이 필요하다.

이자보상비율은 채권자에게 지급해야 할 고정비용인 이자비용의 지급능력이 수익성으로 뒷받침되고 있는지를 평가하기 위한 부채비율의 보완비율이라고 할 수 있으며, 이 비율이 높을수록 이자지급능력이 양호하다고 할 수 있다. 결국 이자비용 부담을 감당할 수 있느냐 하는 것은 기업의 차입정책과 관련된 위험 정도를 나타내며, 이자보상비율은 이러한 정도를 측정하기 위한 비율이다.

위의 산식에서 보듯이 이자보상비율은 이자비용에 충당할 수 있는 이익의 규모와 이자지급에 소요되는 영업활동에서 창출된 현금의 규모 두 가지 관점에서 산출할 수 있다.

만약 그 비율이 1에 가깝다면 영업활동으로 이자비용을 간신히 충족시키고 있어 매우 위험한 상황에 있음을 의미한다. 따라서 이자보상비율이 크면 클수록 부채비율로 인한 재무위험의 안전판이 크다는 것을 의미한다.

5. 활동성분석

지금까지 공부한 수익성, 유동성, 재무위험과 레버리지분석은 사실상 상호 연계되어 있기 때문에 심층분석과 종합적 판단을 위해서는 이를 종합할 수 있는 활동성비율에 대한 분석이 필요하다. 활동성비율이란 기업이 투자하고 있는 자산들이 수익성을 위해 제대로 활용되고 있는지를 분석하기 위한 재무비율을 말한다. 이 경우 수익성은 손익계산서의 매출액과 관련되어 있고 투자된 자산의 규모는 재무상태표에 나타나기 때문에 이 두 가지를 아우른다는 측면과 투자된 자산을 효율적으로 가동해야 한다는 측면을 반영해서 활동성비율이라고 한다.

가령 영업활동을 통하여 수익성 목표를 달성하기 위해서는 영업자산의 투자가 필수적이지만, 재무상태표의 원리에서 알 수 있듯이 자산의 보유로 차변이 증가하면 대변의 부채나 자본으로 자금이 조달되어야 한다. 이는 부채나 자기자본으로 조달된 자금이 투자된 자산에 묶여 있다는 관점에서는 유동성과 부채비율에 영향을 미친다. 동시에 투하된 영업자산이 얼마나 매출을 많이 실현시키고 있는지에 따라 수익성에 영향을 미치게 된다. 여기에서 수익성이 좋아지려면 일단 매출이 많아져야 하고, 유동성을 위해서는 매출을 위해 필요한 영업투하자본을 가급적 줄여서 자금이 묶여 있지 않도록 해야 부채비율도 줄여나갈 수 있기 때문이다.

결론적으로 영업을 위해 필요한 자산을 가급적 적게 투자하거나 아니면 투자된 영업자산을 최대한 효율적으로 사용하여 매출수익을 높이도록 한다면 상호 연계되어 있는 수익성, 유동성, 재무위험 측면에서 모두 양호한 결과를 가져올 수 있다.

(1) 매출채권관리와 활동성비율

정상적인 영업활동을 위해서는 일정한 수준의 운전자본에 대한 투자가 필수적이다. 만약 재고도 없이 현금으로만 충분히 판매할 수 있는 품목이 있다면 최선이겠지만 현실은 그렇지 못하기 때문에 재고도 필요하고 외상으로도 판매해야 한다. 결국 기업의 신용정책과 판매관리정책에 수반되어 매출채권의 규모가 좌우될 것이다. 한편 제조업이라면 생산공정의 성격과 안전재고의 필요성에 따라 유통업이라면 매장운영전략과 소비자의 구매패턴에 따라 재고수준이 결정될 것이다.

반면 매입채무와 미지급금 등의 영업부채는 상대방에게 지급해야 할 거래대금을 당장

지급하는 대신 잠시 운용하기 위해 보유하고 있는 것이므로 간접적인 운전자금 조달원천으로 볼 수 있다. 이 경우 기업의 유동성, 자금사정, 산업 내의 대금지급 관행에 따라 영업부채의 규모가 달라지게 될 것이다.

대표적인 활동성비율로는 분모에 투자된 자산을 나타내고 분자에는 그 투자된 자산이 매출로 전환되는 정도를 나타내주는 매출채권회전율과 재고회전율 등이 있다. 여기에서 회전율은 영업운전자본으로 지원가능한 영업활동의 기간, 즉 회전기간으로도 표시할 수 있으며 매출채권회수기간 및 재고자산회전기간 등의 지표가 활동성비율을 보완하기 위한 목적으로 활용된다.

■ 영업운전자본회전율 $= \dfrac{\text{매출액}}{\text{영업운전자본}}$

■ 매출채권회전율 $= \dfrac{\text{매출액}}{\text{평균매출채권}}$ ■ 매출채권회수기간 $= \dfrac{\text{평균매출채권}}{\text{1일평균매출액}}$

■ 매출채권회전율(receivable turnover)

매출채권회전율은 매출채권이 현금으로 회수되는 데 소요되는 기간을 나타낸다. 여기서 매출채권은 기업이 보유한 매출채권 잔액의 평균적인 수준을 반영하기 위해 월별 평균액을 이용하는 것이 바람직하다. 만일 그러한 자료를 구할 수 없을 때에는 간편하게 기초와 기말의 매출채권 잔액을 평균하여 사용한다. 매출채권회전율 분석에서는 기업이 속한 산업의 여건과 신용정책에 따라 영향을 받을 수 있음을 추가적으로 고려해야 한다.

■ 매출채권 평균회수기간(average collection period)

매출채권 평균회수기간은 매출채권이 현금으로 회수되는 데 소요되는 기간을 나타내며, 기업의 평균 매출채권잔액을 1일 평균 외상매출액으로 나누어 개략적으로 구할 수 있다. 예를 들면, 평균 매출채권잔액이 1,200만원이며 1일 평균 외상매출액이 100만원이라면 매출채권이 누적되어 13일이 되는 날에는 매출채권잔액이 1,300만원이 될 것이다. 그러나 매출채권 평균보유액이 1,200만원으로 유지되려면 하루분의 외상매출액이 회수되어야 가능하다. 이때 가장 먼저 외상으로 판매된 1일차의 외상매출액 100만원이 회수된 것으로 보면 12일(=1,200만원/100만원)로 추정할 수 있다.

실제로는 1일 평균 외상매출액을 별도로 구하는 대신 기업의 모든 매출액이 일단 외상으로 판매되었다가 현금으로 회수된다고 가정하면 매출액을 365일(또는 영업일)로 나누어 1일 평균 매출액을 대신 사용할 수 있다.

결론적으로 매출액을 증대시키기 위해서는 현금매출 이외에 외상매출도 허용해야 하는데, 외상매출로 인하여 매출채권이 증가하면 증가할수록 조달된 자금이 매출채권에 묶이게 된다. 따라서 매출증대를 위해서는 외상의 허용이 불가피하더라도 얼마나 적은 금액의 매출채권에 대한 투자로 매출을 올릴 수 있는지 그리고 매출채권을 얼마나 빨리 회수하여 현금화할 수 있는지 여부가 중요하다. 따라서 기업의 신용판매전략의 효율성을 측정할 수 있기 때문에 매출채권회전율과 매출채권회수기간 모두 경영자와 재무분석가에게 여러 측면에서 매우 중요하게 이용된다.

(2) 재고자산관리와 활동성비율

재고자산을 보유하게 되면 재고자산이 증가한 만큼 부채나 자본으로 조달된 자금이 재고자산으로 묶여 있게 되고 판매가 될 때까지 대기하고 있어야 한다. 이때 수익성과 유동성에 기여하기 위해서는 재고자산에 투자를 적게 하면서 매출액을 증대시킬 수 있는 비즈니스모델로 진화시키는 것이 중요하다. 이 경우 재고자산의 특성을 고려하여 일정액의 매출을 달성하는 데 얼마나 재고를 적게 보유하고 있는지, 일단 재고자산을 보유하고 있는 상황이라면 얼마나 빨리 팔아치울 수 있는지 2가지 측면에서 분석하기 위한 재무비율이 필요하다. 여기에서도 기업이 보유한 재고자산의 평균적인 수준을 반영하기 위해 월별 평균액을 이용하거나 간편하게 기초와 기말의 잔액을 평균하여 사용한다.

한편 재고자산의 매입규모 또는 매출원가에 비하여 재고자산을 보유하는 데 소요되는 자금조달 원천으로 영업부채 항목인 매입채무를 얼마나 보유하고 있는지 그리고 매입채무를 얼마만에 상환하고 있는지를 분석하게 되면 영업운전자본관리의 효율성을 살펴볼 수 있다.

■ 재고자산회전율 $= \dfrac{\text{매출원가}}{\text{평균재고자산}}$ ■ 재고자산회전기간 $= \dfrac{\text{평균재고자산}}{\text{1일평균매출원가}}$

■ 재고자산회전율(inventory turnover)

기업이 영업활동을 위해 보유해야 하는 재고자산을 줄이면서 매출을 증대시킬 수 있다면 수익성과 유동성을 동시에 만족시킬 수 있다. 이를 위해 일정기간 동안 판매를 통해 팔려나간 재고자산(즉, 매출원가)과 재고로 남아 있는 재고자산과의 관계를 재고자산회전율로 나타낼 수 있다. 이 경우 팔려나간 재고자산은 매출액을 의미하고 재고자산은 원가로 표시되므로, 동일한 잣대로 비교하기 위해 매출액보다는 매출원가를 사용하는 것이 합리적이다.

예를 들면 기업이 평균적으로 보유하는 재고자산의 금액이 1,200만원이며, 1일 평균매출액 100만원에 대한 매출원가가 60만원이라면, 연간 매출원가는 1억 8천만원(연간 300일 영업을 가정)이며, 재고자산회전율은 15로 산출된다. 재고자산회전율이 높을 경우 재고자산이 매출로 전환되는 기간이 짧아져 유동성을 개선할 수 있으므로 기업은 재고자산회전율 목표를 설정하고, 판매량이 동일하다면 재고를 줄이거나 또는 재고수준이 같다면 매출을 증대시킴으로써 재고자산을 효과적으로 관리할 수 있다.

■ 재고자산회전기간

재고자산관리를 위해서는 기업이 보유하는 재고자산이 평균적으로 며칠 만에 판매되는지 아는 것이 중요하다. 왜냐하면 그 기간이 길어지면 질수록 재고자산의 보관과 유통뿐만 아니라 계절성 재고인 경우에는 가격변동과 진부화에 따른 평가손실도 수반되기 때문이다. 이때 기업이 보유하는 평균 재고자산금액을 1일 평균매출원가로 나누어 재고자산 평균회전기간을 개략적으로 구할 수 있다. 예를 들면, 기업이 평균적으로 보유하는 재고자산의 금액이 1,200만원이며 1일 평균 매출원가가 60만원이라면 이 재고자산이 전부 소진되기까지는 20일이 소요된다는 의미이다.

■ 매입채무회전율

매입채무회전율은 재고자산의 매입규모 또는 매출원가에 비하여 갚아야 할 매입채무의 비중을 나타내는 재무비율이다. 이 경우 매입채무로 남아 있는 금액이 상대적으로 작다면 회전율이 커서 양호한 듯 하지만 기업의 입장에서는 현금매입거래의 비중이 크거나 신용기간이 짧다는 것을 의미하므로 매출로부터의 유동성이 확보되지 않는 한 자금압박이 초래될 수 있음을 시사한다.

■ 매입채무회수기간

매입채무회전율을 보다 직관적으로 이해할 수 있도록 기업이 상환하여야 할 매입채무금액이 며칠분의 매입액 또는 매출원가가 누적되어 있는지를 매입채무회수기간으로 계산할 수 있다. 예를 들면, 평균적으로 남아 있는 매입채무금액이 900만원이며 1일 평균 매출원가가 60만원이라면 15일분의 외상매입액이 누적되어 있다는 의미이다. 이 경우 매입채무가 누적되어 16일이 되는 날에는 매입채무잔액이 960만원이 되어야 할 것이나, 매입채무 평균보유액이 900만원 수준으로 유지되려면 하루분의 외상매입액을 상환하여야 가능하다. 이때 가장 먼저 외상으로 매입된 1일차의 외상매입액 60만원이 상환된 것으로 보면 15일(= 900만원/60만원)로 산출된다.

■ 매입채무회전율 $= \dfrac{\text{매출원가}}{\text{평균매입채무}}$ ■ 매입채무회수기간 $= \dfrac{\text{평균매입채무}}{\text{1일평균매출원가}}$

(3) 평균영업순환주기

평균영업순환주기는 영업활동을 위하여 투입된 현금이 재고자산의 매입, 판매, 대금회수과정을 거쳐 회수되기까지 소요되는 기간을 말한다. 만일 재고자산을 현금으로 매입했다면 평균영업순환주기는 재고자산을 판매하는 데 소요된 기간에 판매된 대금을 회수하기까지 소요된 기간을 더하여 계산한다. 외상으로 매입한 경우에는 매입채무를 상환하기까지는 여유가 있으므로 이를 차감한다. 따라서 평균영업순환주기는 ① 재고자산회전기간 + ② 매출채권회수기간 − ③ 매입채무회수기간으로 간단하게 산출할 수 있다.

■ 평균영업순환주기 = 재고자산회전기간+매출채권회수기간−매입채무회수기간

(4) 비유동자산관리와 총자산회전율

지금까지는 영업운전자본을 구성하는 매출채권・재고자산이 영업활동에 얼마나 효율적으로 활용되어 수익성・유동성의 성과로 나타나는지 분석하였다. 여기에서는 영업투하자본의 구성항목인 비유동자산과 재무상태표의 총자산이 수익을 창출하는 데 효율적으로 이용되고 있는지를 평가할 수 있는 활동성비율을 살펴보기로 한다. 만일 이 비율이 양호하지 않다면 부채나 자기자본으로 조달된 자금이 수익성이 없는 자산에 투자되어 있어 매출액 실현에 효율적으로 기여하지 못하고 있음을 의미한다. 여기에서 순비유동자산은 유형자산, 무형자산 및 기타자산과 같은 비유동영업자산에서 이연법인세부채, 충당부채 등 이자가 수반되지 않는 비유동영업부채를 차감한 것을 말한다.

활동성비율에 대한 분석을 통해 투자관리의 유효성을 평가하기 위해서는 앞서 설명한 영업투하자본을 영업운전자본과 순비유동자산으로 다음 [표]와 같이 구분해서 살펴보는 것이 필요하다.

| 표 | 영업활동 관점에서 재무상태표 항목들의 재조정

■ 영업투하자본: 영업자산 − 영업부채
(유동영업자산 + 비유동영업자산) − (유동영업부채 + 비유동영업부채)
= 영업운전자본 + 순비유동자산

■ 영업운전자본: 유동영업자산 − 유동영업부채

■ 순비유동자산: 비유동영업자산 − 비유동영업부채

- 비유동자산회전율 $= \dfrac{\text{매출액}}{\text{순비유동자산}}$
- 유형자산회전율 $= \dfrac{\text{매출액}}{\text{유형자산}}$
- 총자산회전율 $= \dfrac{\text{매출액}}{\text{총자산}}$

■ 비유동자산회전율

비유동자산은 기업의 자산 중에서 가장 비중이 크며, 그만큼 부채나 자본으로 조달된 자금의 규모도 클 수밖에 없기 때문에 수익성과 유동성 및 자본조달과 관련된 재무위험과도 연계되어 있다. 따라서 비유동자산에 투자를 적게 하면서 매출액을 증대시킬 수 있는 비유동자산 관리전략이 중요하며, 일정 매출액을 위하여 얼마의 비유동자산을 투자하고 있는지 그 효율성을 나타낸 것이 비유동자산회전율이다.

■ 유형자산회전율

유형자산은 재무상태표상에서 가장 중요한 비유동자산이며, 이러한 유형자산이 얼마나 효율적으로 활용되고 있는지 그리고 유형자산 투자가 기업의 경쟁전략과 일치하는지, 취득 및 폐기 정책은 건전한지 여부에 대한 분석을 위해 $\left(\dfrac{\text{매출액}}{\text{유형자산}}\right)$의 비율로 측정하여 나타낸 것이 유형자산회전율이다.

■ 총자산회전율

매출액을 평균 총자산가액으로 나누어 계산하는 총자산회전율은 기업이 보유하는 총자산이 수익을 창출하는 데 얼마나 효율적으로 이용되고 있는지를 평가하는 데 이용된다. 총자산을 대상으로 하기 때문에 구체적으로 어떤 항목의 자산들이 수익성 창출을 위해 효율적으로 사용되고 있는지 구체적인 분석에 앞서 예비적으로 기업의 총체적인 활동성을 살펴보는 데 이용할 수 있다. 따라서 총자산회전율의 상호비교나 추세분석을 통하여 문제점 또는 부실의 징후가 발견되면 개별 항목별로 심층분석을 시작해나가면 될 것이다.

6. 재무비율분석의 종합을 위한 지수법

지금까지는 재무제표에 나타난 정보를 이용하여 수익성, 유동성, 레버리지와 재무위험, 활동성비율의 의미와 산출하는 방법을 논의했다. 나무 한그루에 해당하는 개별적인 재무비율에 대한 분석도 중요하지만, 숲 전체를 조망할 수 있는 방법도 재무분석가의 입장에서는 중요할 것이다. 이를 위해 개별 재무비율을 종합할 수 있는 지수법에 대해 살펴보도록 하자.

지수법은 기업경영 전반에 대하여 100점 만점으로 간략하게 평가하는 방법을 말한다. 지수법을 통해 산출된 종합평가점수를 토대로 추세분석과 상호비교분석을 할 수 있음은 물론이다. 종합평가점수가 기업의 경영성과에 대한 성적이라면, 재무분석의 실행단계에서는 다음과 같은 사전 준비작업이 필요하다.

① 기업의 경영성과를 잘 측정하기 위해서는 각 영역별로 어떤 재무비율을 선정하여야 하는가? ② 예를 들면 수익성, 유동성, 레버리지와 재무위험, 활동성의 4개 영역으로 구분하여 분석하기로 했다면 각 영역에 속한 개별 재무비율에 대한 배점을 어떻게 배분할 것인가? ③ 각 재무비율에 대한 평가를 위한 모범답안, 즉 벤치마크를 어떻게 할 것인가? 이를 단계별로 요약하여 설명하면 다음과 같다.

(1) 표준화된 재무제표 작성과 재무비율 산출

앞의 1. 재무분석의 실행에서 설명한 표준화된 재무상태표와 포괄손익계산서 양식과 계정과목에 맞추어 분석대상기업의 재무자료를 전환시켜 비교재무제표를 만들고 재무비율을 산출한다.

(2) 분석목적에 따른 재무비율의 선정과 배점

어떤 시각에서(예를 들면 기업내부의 경영진, 기업외부의 애널리스트, 채권자, 펀드매니저 등) 분석할지에 대한 포지션을 정하고, 그 입장에서 수익성, 유동성, 활동성, 레버리지 및 재무위험에 대한 상대적인 중요도를 고려하여 이들 영역별로 총점 100점을 배분한 다음, 영역별로 배분된 점수 내에서 각각의 재무비율별로 가중치(점수)를 할당해준다.

(3) 벤치마크 재무비율과 평가점수 산출

벤치마크의 대상으로 산업평균재무비율 또는 선도기업(혹은 경쟁기업)의 재무비율을 입수한다. 이때 산업평균에 관한 자료는 한국은행과 산업은행에서 발간하는 기업경영분석자료에서 찾아볼 수 있다. 그리고 벤치마크와 비교하여 상대적인 평가점수를 산출한다. 상대적인 평가점수의 산출을 위해 분모는 비교대상, 분자는 분석대상기업의 재무비율로 관계비율을 구하고 여기에 배점을 곱한다. 만약 관계비율이 낮을수록 양호하다고 판단되는 경우에는 분자(비교대상)와 분모(분석대상기업)를 바꾸어 관계비율을 산출한다.

그리고 특정 항목의 관계비율이 지나치게 높게 산출되어 상대적인 평가점수가 배점에 비해 지나치게 높게 나와 종합평점이 왜곡되는 현상을 방지하기 위하여 관계비율의 상한선을 설정할 필요가 있으며 반대로 음수일 경우에는 0으로 한다.

(4) 종합지수의 산출과 해석

수익성, 유동성, 활동성, 레버리지와 재무위험의 4개 영역별 평가점수, 총평가점수를 토대로 연도별 추세비교와 벤치마크 또는 경쟁기업과의 상호비교를 통하여 경영상태에 대한 평가와 강·약점을 분석한다. 이상의 과정을 요약하여 정리하면 다음 [표]와 같다.

▌표▐ 블루(주)의 종합지수 사례

주요 재무비율		가중치 (a)	블루(주) (b)	산업평균 (c)	관계비율^ (d)	평점 (e)
수익성	1. 총자산영업이익률	10	24.7%	20%	1.2^	12
	2. 자기자본순이익률	10	23.1%	30%	0.77	7.7
	3. 매출액순이익률	10	11.9%	12%	1	10
	4. 주당순이익	5	2,880원	3,000원	0.96	4.8
	5. 매출총이익률	5	37.5%	40%	0.94	4.7
	소 계	40	–	–	–	39.2
활동성	1. 매출채권회전기간**	10	57일	40일	0.7	7
	2. 재고자산회전기간**	10	94일	80일	0.85	8.5
	3. 총자산회전율	10	1.19회	1.5회	0.79	7.9
	소 계	30	–	–	–	23.4
유동성	1. 유동비율	5	233%	200%	1.16	5.8
	2. 당좌비율	5	145%	100%	1.2^	6
	소 계	10	–	–	–	11.8
레버리지와 재무위험	1. 부채비율*	5	74.%	150%	0.49	2.45
	2. 이자보상비율	10	5.8배	4배	1.2^	12
	3. 고정장기적합률**	5	53.9%	48.5%	0.9	4.5
	소 계	20	–	–	–	18.95
총 점		100	–	–	–	93.35

* 부채비율은 레버리지효과를 고려하여 산업평균비율까지는 높을수록 양호한 것으로 가정한다.
** 산업평균에 비해 짧거나 낮을수록 양호한 경우에는 분모와 분자를 바꾸어 관계비율을 산출한다.
^ 관계비율의 상한선은 1.2로 설정하였으며, 음수일 경우에는 0으로 한다.

모범답안

1 영업순환주기

(1) 매출채권회전율=매출액/평균매출채권

₩40,000,000×(1+0.2)/{(₩4,000,000+₩5,000,000)/2}=10.6666 약 10.67회

매출채권평균회수기간=360일/10.67회=33.74 약 34일

평균매출채권{(₩4,000,000+₩5,000,000)/2}÷1일평균외상매출액{₩40,000,000×(1+0.2)/360일}=33.75 약 34일(여기에서 연간 매출액은 매출원가에 20%의 이익률을 가산하여 산출)

(2) 재고자산회전율=매출원가/평균재고자산

₩40,000,000/{(₩2,500,000+₩1,500,000)/2}=20회

재고자산평균회전기간 360일/20회=18일

평균재고자산{(₩2,500,000+₩1,500,000)/2}÷1일평균매출원가(₩40,000,000/360일)=18일

(3) 매입채무회전율=매출원가/평균매입채무

₩40,000,000/{₩4,500,000+₩3,500,000/2}=10회

매입채무평균회전기간 360일/10회=36일

또는 평균매입채무{(₩4,500,000+₩3,500,000)/2}÷1일평균매출원가 (₩40,000,000÷360일)=36일

평균영업순환주기는 34일+18일−36일=16일

2 재무비율을 이용한 매출액의 추정

유동비율이 200%이므로 유동부채=₩4,000,000(유동비율=유동자산/유동부채)

당좌비율이 100%이므로 당좌자산=₩4,000,000(당좌비율=당좌자산/유동부채)

유동자산=당좌자산+재고자산

따라서 재고자산은 ₩8,000,000−₩4,000,000=₩4,000,000

재고자산회전율=매출원가/재고자산(8회=매출원가/₩4,000,000)

여기에서 매출원가는 ₩32,000,000

매출총이익률은 (매출액−매출원가)/매출액=20%이므로 매출액은 ₩40,000,000

3 처분가능현금(FCF)의 산출

[물음 1] 창출측면에서의 계산: ₩500−₩520=−₩20

- 영업활동 현금흐름＝₩500＝₩1,850－₩50(법인세)－₩1,300(급여)
- 영업자산에 대한 투자＝₩520

[물음 2] 배분측면에서의 계산: －₩60(차입금)＋₩30(이자비용)－₩300(유상증자는 재무활동에 사용되는 대신 오히려 도움을 받은 것이므로)＋₩230(금융상품취득)＋₩80(배당금지급)＝－₩20. 즉 재무활동 현금흐름(FCF)＝－₩20

4 세후순영업이익과 처분가능현금의 계산

[물음 1]

영업활동에서 조달된 현금＝창출측면에서 1억 4천4백만원, 배분측면에서 이자비용(세후) 3천2백만원＋배당금에 상응하는 당기순이익 1억 1천2백만원 ＝1억 4천4백만원으로 동일하다.

[물음 2]

손익계산서상 당기순이익:

주차료수익 2억원－ 관리비 2천만원－이자비용 4천만원＝법인세차감전순이익 1억 4천만원－법인세 2천8백만원(1억 4천×0.2)＝당기순이익(1억 1천2백만원)

세후순영업이익:

주차료수익 2억원－관리비 2천만원＝법인세차감전순이익 1억 8천만원－법인세 3천6백만원＝세후순영업이익(1억 4천4백만원)

세후순이자비용:

이자비용 4천만원－이자수익(0)＝세전순이자비용 4천만원－세절감액 8백만원 ＝세후순이자비용(3천2백만원)

[물음 3]

세전순재무비용＝4천만원

세후순재무비용＝4천만원×(1－0.2)＝3천2백만원

[물음 4]

타인자본(5억원)과 자기자본(5억원)의 구성비가 각각 50%씩이므로

가중평균자본비용＝타인자본비용×1/2＋자기자본비용×1/2

법인세율 20% 세전타인자본비용＝8% 부채조달액＝5억원

세후타인자본비용＝이자지급액×(1－t)/부채조달액

4천만원×(1－0.2)/5억원＝0.064 따라서 6.4%

가중평균자본비용은 6.4%×1/2＋10%×1/2＝8.2%

[물음 5]

FCF＝세후순영업이익－△영업투하자본

여기에서 기초와 기말의 영업투하자본의 증가는 없으므로 1억 4천4백만원이다.

5 기업가치평가를 위한 재무제표분석

[물음 1]

당기순이익/자기자본 ₩4,000/₩30,000＝13.3%

[물음 2]

기초영업자산(₩800＋₩7,600＋₩5,400＋₩15,000＋₩25,000＋₩8,000)

－기초영업부채(₩8,000＋₩1,000＋₩500＋₩3,500)＝₩48,800(천원)

[물음 3]

(₩4,000＋₩300＋₩200)－(₩2,000＋₩1,000)＝₩1,500(천원)(＝세전순재무비용)

세후순재무비용: ₩1,500×(1－0.2)＝₩1,200(천원)

[물음 4]

세후순이자비용＝(이자비용 4,000＋사채상환손실 300＋당기손익금융자산처분손실 200－
이자수익 2,000－상각후원가금융자산처분이익 1,000)×(1－법인세율)

(₩4,500－₩3,000)×(1－0.2)＝₩1,200(천원)

당기순이익＋세후순이자비용＝세후순영업이익(NOPAT)

따라서 ₩4,000＋₩1,200＝₩5,200(천원)

[물음 5]

순재무부채＝이자비용이 수반되는 부채(차입금, 사채 등)－재무자산(금융자산 등)

재무부채(₩5,000＋₩14,000＋₩13,300)－재무자산(₩10,000＋₩3,500)＝₩18,800(천원)

[물음 6]

세후유효이자율＝세후순이자비용(세후순재무비용)/순재무부채
＝₩1,200/₩18,800＝0.064 약 6.4%

[물음 7]

순부채비율＝순재무부채/자본: ₩18,800/₩30,000＝약 62.7%

6 재무제표분석을 통한 처분가능현금(FCF)의 산출

〈영업활동접근법〉

■ 세후순영업이익: (₩28,000－₩21,500)×(1－0.2)＝₩5,200(천원)

- 기초영업투하자본: 기초영업자산(₩800 + ₩7,600 + ₩5,400 + ₩15,000 + ₩25,000 + ₩8,000) − 기초영업부채(₩8,000 + ₩1,000 + ₩500 + ₩3,500) = ₩48,800(천원)
- 기말영업투하자본: 기초영업자산(₩1,000 + ₩8,000 + ₩6,000 + ₩17,000 + ₩23,000 + ₩10,000) − 영업부채(₩10,000 + ₩1,200 + ₩800 + ₩5,000) = ₩48,000(천원)
- FCF: 세후순영업이익(₩5,200) − △영업투하자본(= − ₩800) = ₩6,000(천원)

〈재무활동접근법〉

- 세후순재무비용: (₩4,000 + ₩300 + ₩200) − (₩2,000 + ₩1,000) = ₩1,500(= 세전순재무비용) ₩1,500 × (1 − 0.2) = ₩1,200(천원)
- △재무자산: ₩16,000 − ₩13,500 = ₩2,500(천원)
- △재무부채: (₩5,500 + ₩16,200 + ₩12,300) − (₩5,000 + ₩14,000 + ₩13,300) = ₩1,700(천원)
- 순배당(순이익 − △자기자본): ₩4,000 − 0 = ₩4,000(천원)
- FCF: 세후순재무비용(₩1,200) + △재무자산(₩2,500) − △재무부채(₩1,700) + 순배당(₩4,000) = ₩6,000(천원)

7 기업가치평가사례연습

[물음 1] 현금할인모형

기업가치 = 처분가능현금(FCF)흐름의 현재가치합계 − 순재무부채의 시장가치

- 2×14년 ~ 2×18년: 5년 동안 매년 3%씩 증가하는 현금흐름을 8%의 할인율로 할인한 현재가치 합계

$$\Sigma\frac{FCF}{(1+r_w)^t}=\frac{6,000\times1.03}{1+0.08}+\frac{6,000\times1.03^2}{(1+0.08)^2}+\frac{6,000\times1.03^3}{(1+0.08)^3}+\frac{6,000\times1.03^4}{(1+0.08)^4}+\frac{6,000\times1.03^5}{(1+0.08)^5}=₩26,081(\text{천원})$$

- 2×18년 이후: 미래 6년 이후 매년 유입되는 현금흐름의 총 합계금액(terminal value)을 일괄적으로 산출한 다음 현재가치로 환산

$$FCF\times\frac{a}{1-r}\times\frac{1}{(1+r_w)^t}=\frac{6,000}{1-\frac{1}{1+0.08}}\times\frac{1}{1.08^6}=₩51,046(\text{천원})$$ 여기에서

- $\frac{a}{1-r}$ = 무한등비급수의 합. 여기에서 a는 초항, $\frac{1}{1-r}$은 공비
- $\frac{1}{(1+r_w)^t}$ = t기의 현금흐름을 현재가치로 할인하기 위한 현재가치 이자요소

■ 순재무부채의 시장가치 = (₩5,000 + ₩14,000 + ₩13,300) − (₩10,000 + ₩3,500)
= ₩18,800(천원)

■ 기업가치 = ₩26,081 + ₩51,046 − ₩18,800 = ₩58,327(천원)

■ 1주당 주식가치 $= \frac{\text{기업가치}}{\text{주식수}} = \frac{\text{₩58,327(천원)}}{\text{6,000주}} =$ ₩9,721

[물음 2] 초과이익모형

■ 기업가치 = 자기자본 장부가치 + 미래초과이익의 현재가치

■ 초과이익 = 당기순이익 − 자기자본장부가치 × 자기자본비용(또는 최저필수수익률)

■ 자기자본장부가치 = ₩30,000(천원)

■ 미래 초과이익의 현재가치 = [2×14년 ~ 2×18년] + [2×18년 이후: terminal value를 일괄적으로 산출한 다음 현재가치로 환산]

① 2×14년 ~ 2×18년: 5년 동안의 초과이익을 10%의 할인율로 할인한 현재가치 합계
1,000* × 3.79(5기간, 10% 연금의 현재가치이자요소) = 3,790(천원)

② 2×18년 이후: 미래 6년 이후 매년 0.85%배씩 감소하는 초과이익흐름의 총합계 (terminal value)를 일괄적으로 산출한 다음 현재가치로 환산

$\frac{1{,}000^{*} \times 0.85}{(1+0.1-0.85)} \times \frac{1}{1.1^{6}}$ (=할인율 10%, 2×14년부터 2×19년까지 6년의 현재가치이자요소) = 1,919(천원)

* 1,000(초과이익) = 4,000(당기순이익) − 30,000(자기자본의 장부금액) × 10%(자기자본비용)

따라서 기업가치는 ₩30,000(자기자본장부금액) + ① + ② = ₩35,709(천원)

1주당 주식가치 $= \frac{\text{기업가치}}{\text{주식수}} = \frac{\text{35,709(천원)}}{\text{6,000주}} =$ ₩5,951

| 저자약력 |

윤재원
고려대학교(경영학박사)
(전)한국회계기준원 선임연구원
미국공인회계사
행정고시 · 세무사 시험 출제위원
홍익대학교 경영학부 교수
jwyoon@hongik.ac.kr

정남철
고려대학교(경영학박사)
공인회계사 · 세무사
미국공인회계사
안진회계법인 감사본부 근무
홍익대학교 경영학부 교수
jnc1208@hongik.ac.kr

정영기
성균관대학교(경영학박사)
한국공인회계사 · 세무사
(전)증권선물위원회 감리위원
(전)한국세무학회 회장
공인회계사 · 세무사 시험 출제위원
홍익대학교 경영학부 교수
jungyk57@hongik.ac.kr

개념을 알면 쉬운 재무회계(제4판) Study Guide

2021년 8월 30일 4판 1쇄 발행

저 자 | 윤재원 · 정영기 · 정남철
발행인 | 이수영
발행처 | 도서출판 청람
서울시 마포구 독막로 288(대흥동, 세양상가 109호)
전 화 | 02)3272-2601~2
팩 스 | 02)3272-2603
이메일 | crbooks@daum.net
홈페이지 | http://www.crbooks.co.kr
등 록 | 2000.8.26 제6-0509호

ISBN 978-89-5972-836-7 93320 [정가 7,000원]